ŒUVRES

DE

MACHIAVEL.

TOME QUATRIEME.

ŒUVRES

DE

MACHIAVEL.

NOUVELLE ÉDITION.

CONTENANT les trois premiers Livres de l'HISTOIRE DE FLORENCE.

TOME QUATRIEME.

A PARIS,

Chez VOLLAND, Imprimeur-Libraire, quai des Augustins, N°. 25.

1793.

PRÉFACE

DE

L'AUTEUR.

Dans le tems que je pris la résolution d'écrire l'*Histoire de Florence*, j'avois dessein de ne la commencer que dans l'année mil quatre cent trente-quatre de l'époque chrétienne, qui est le tems que la maison de Médicis s'éleva dans la république au-dessus de toutes les autres familles, par les grandes qualités & le mérite distingué de Jean de Médicis & de Cosme son fils. Ce qui m'avoit porté à cette résolution, c'est que je croyois que Léonard d'Arezzo & Poggio, qui sont l'un & l'autre de très-grands & excellens historiens, avoient rapporté exactement tout ce qui s'étoit passé avant ce tems-là. Mais comme j'eus dans la suite envie de me former sur de si beaux modeles, pour en être plus utile & plus agréable au lecteur, je m'appliquai à lire leurs écrits, dans lesquels j'ai remarqué beaucoup d'exactitude pour les récits qu'ils font des guerres des Florentins contre les autres peuples : mais je remarquai en même tems, qu'à l'égard des divisions survenues dans cette république, & des suites qu'elles ont eues, ces grands-hommes en ont dissimulé une partie, ne parlant du reste que d'une maniere qui ne peut, ni instruire, ni occuper agréablement le public. Je pense qu'ils en ont usé de la sorte, parce qu'ils ont trouvé que des choses si blâmables ne devoient pas être transférées à la postérité ; ou bien ils ont appréhendé peut-être d'offenser les descendans de ceux dont il eut fallu dire du mal dans ces narrations.

L'on me pardonnera, sans doute, si je dis que ces deux motifs ne doivent point entrer dans l'esprit d'un historien de mérite, tels que le sont ceux-là ; car rien ne plaît & n'instruit tant dans l'histoire, que ce qui est exact & complet, & des citoyens, appellés au gouvernement d'une république, s'instruisent extrêmement dans une lecture qui rapporte la cause & l'origine des dissensions qui ont partagé l'Etat ; ce qui leur fournit les moyens de conserver l'union entr'eux, étant devenus sages par les fautes des autres. D'ailleurs si les faits arrivés dans un Etat font de l'impression sur l'esprit, ceux qui sont survenus dans notre propre patrie nous touchent encore plus, & nous instruisent bien davantage. Et il faut observer qu'il n'y a jamais eu de république où les divisions fussent si dignes d'être remarquées que dans celle de Florence. La raison de cela, c'est que la plus grande partie des autres républiques dont nous avons connoissance, n'ont renfermé chez elles, qu'une espèce de mésintelligence, qui, selon les différens succès, a servi tantôt à ruiner l'Etat, tantôt à le rendre plus puissant.

Mais notre république a été travaillée de différentes espèces de dissensions. Chacun sait que dans Rome, après que les rois en furent chassés, les nobles & la populace firent deux factions opposées, qui durerent seules jusqu'à la ruine entiere de cette république. Il arriva la même chose à Athènes & dans les autres républiques de ces tems-là. Mais à Florence la premiere division fut entre les nobles ; ensuite le peuple & les nobles composerent deux partis ennemis ; enfin le peuple & la populace se déclarerent l'un contre l'autre ; & souvent il est arrivé que la faction, qui remportoit la victoire sur son ennemi, se partageoit ensuite elle-même en deux autres factions opposées. Ces démêlés répandirent tant de sang, produisirent tant de bannissemens & de désolations de familles, qu'on n'a jamais rien vu d'approchant dans toutes les autres républiques. Pour moi je trouve que rien ne marque mieux la grandeur de Florence, que ces fameux & funestes exemples, que je crois capables de désoler entierement les plus puissantes villes du monde.

Cependant la nôtre n'en devenoit que plus considérable, tant étoit grandre l'in-

dustrie & le courage des Florentins à bien
faire chacun sa maison, & à travailler de
concert à la grandeur de leur ville. Ainsi,
ceux qui survivoient à ces malheurs se
trouvoient plus remplis d'esprit & de résolution à rétablir & à élever leur patrie,
que la malignité de la fortune n'avoit été
puissante à la désoler. Il est donc très-
vrai que si Florence, depuis qu'elle fut
délivrée de la domination impériale, avoit
eu le bonheur de tomber sous une espèce
de gouvernement qui y eût conservé l'union,
& la paix, il n'y auroit jamais eu au monde
de république plus puissante qu'elle. Ne
voit-on pas que, lorsqu'elle eut jetté hors
de son sein une si grande quantité de
Gibelins, que la Toscane & la Lombardie
en furent remplies, les Guelfes qui resterent
dans la ville, ne laisserent pas de mettre
sur pied douze cens hommes d'ordonnance

& douze mille fantassins, tirés seulement d'entre leurs propres citoyens, afin de faire à la ville d'Arezzo ce qui arriva un an devant la journée de Campaldino ? Ensuite dans la guerre contre Philippe Visconti, duc de Milan, les Florentins dépenserent, en cinq ans qu'elle dura, trois millions cinq cent mille florins. Ce fut alors que la seule conduite les tira d'affaire, ne se servant que de troupes étrangeres & mercénaires, parce que la valeur ne régnoit plus chez eux dans ces tems-là ; & après que la paix fût faite, notre ville ne voulut pas s'en tenir là ; mais pour faire mieux paroître sa grandeur, elle entreprit la guerre de Lucques, devant laquelle on alla mettre le siége. Tout cela prouve assez que l'histoire des troubles de Florence mérite extrêmement d'être faite avec beaucoup d'exactitude.

D'autre côté, si ces grands historiens n'ont pas voulu l'entreprendre, crainte de ternir la mémoire de ceux dont il eût fallu parler, ils se sont trompés assurément dans cette pensée, & ils ont fait voir qu'ils ne connoissent pas jusqu'où va la vanité des hommes & la violente passion qu'ils ont d'éterniser leur nom & celui de leurs ancêtres. Combien en a-t-on vu qui, ne pouvant faire parler d'eux par des actions honnêtes, ont tâché de le faire par des voies tout opposées ? On sait d'ailleurs, que les actions extraordinaires, qui regardent le gouvernement des Etats, ont toujours du grand ; & de quelque maniere qu'on s'y conduise ou qu'on y réussisse, elles font toujours plus d'honneur que de honte.

Après avoir fait réflexion sur toutes ces choses je changeai de pensée, & je résolus

de commencer mon histoire dès l'origine
de notre ville. Mais parce que je n'ai pas
dessein de rien anticiper sur les autres,
tout ce que je décrirai jusqu'à cette année
mil quatre cent trente-quatre ne regardera
que ce qui s'est passé dans la ville, & je
ne parlerai de ce qui s'est passé au-dehors,
qu'autant qu'il sera nécessaire pour éclaircir
la conduite du dedans. Mais après cette
année-là, je rapporterai exactement tout
ce qui regardera le dedans & le dehors
de la république. Outre cela, ayant dessein
de rendre cette histoire plus intelligible
pour tous les tems, devant que de parler
de Florence en particulier, je ferai le récit
des moyens par lesquels l'Italie tomba sous
les puissances qui la gouvernoient alors.
Ainsi tout ce qui regardera l'Italie & la
Toscane en général sera compris en quatre
livres. Le premier contiendra tous les chan-

gemens survenus en Italie depuis la décadence de l'Empire Romain jusqu'en l'année
mil quatre cent trente-quatre. Le second
livre nous instruira de l'origine de Florence
jusqu'à la guerre qu'elle eut avec le pape
après qu'elle eut chassé le duc d'Athènes.
Le troisieme finira par la mort de Ladislas,
roi de Naples, arrivée en mil quatre cent
trente - quatre. Enfin, le quatrieme livre
achevera de rapporter tout ce qui s'est
passé jusqu'à ladite année mil quatre cent
trente-quatre. Après cela nous entrerons
dans un détail plus particulier de ce qui
est arrivé depuis ce tems-là jusqu'à nos
jours, tant dans Florence que dans le reste
de l'Italie.

AVIS
AU LECTEUR

SUR LA TRADUCTION

DE

L'HISTOIRE DE FLORENCE.

Comme le titre de cette Histoire paroît un peu sec à ceux qui ne la connoissent pas, je me sens obligé de les avertir que la république de Florence avoit tant de relation à tout le reste de l'Italie, qu'il étoit impossible de parler de l'une sans que l'autre y ait beaucoup de part : ainsi nous verrons ici beaucoup de choses qui regardent le Pape, le royaume de Naples,

la république de Venise, le duché de Milan
& plusieurs autres Etats considérables. Tout
cela composera une histoire presque com-
plette de toute l'Italie, pendant un tems
qui est assez inconnu, quoique très-fertile
en événemens remarquables.

Mais à l'égard de Florence l'on auroit
assez de sujet d'être satisfait de cette lecture,
quand même l'on ne feroit qu'examiner
les moyens & la conduite que la maison
de Médicis a tenue pour s'élever de la
condition de marchand à la grandeur &
à l'autorité souveraine. Quelle utilité n'en
revient-il point à ceux qui sont appellés au
gouvernement des républiques ? Combien
de leçons trouveront-ils pour conserver
leur liberté, & pour prévenir les artifices
& les moyens dont les ambitieux se servent
pour en sapper les fondemens ? Il est même
bon de découvrir à tout le monde de ces

dangereux

dangereux artifices, afin que ceux qui voudroient les mettre en usage en soient détournés par la considération que personne ne les ignore, & que leur mine est éventé.

Nous apprendrons aussi à connoître, par l'exemple du peuple de Florence, la disposition naturelle de toutes les conditions qui partagent le genre-humain, parce que chacune ayant été en possession du gouvernement de cette ville-là, nous y reconnoîtrons le penchant des grands, celui de la petite noblesse & des gens de médiocre condition ; enfin nous apprendrons ce dont le menu-peuple est capable quand il est le maître : & toutes ces considérations nous ferons voir manifestement, que de quelque ordre de gens que soit composé le gouvernement, il dégénérera toujours dans une domination despotique & insupportable, s'il n'est contrebalancé

& réprimé par des loix maintenues dans toute leur vigueur.

Les raisonnemens de politique paroissent être naturellement de l'apanage de Machiavel ; aussi ne sont-ils pas oubliés dans cette Histoire, & sur-tout dans les harangues dont elle est remplie, qui sont de très-excellens modeles pour ceux qui sont appelés à en faire sur ces matieres, ou qui veulent simplement apprendre comment il faut s'y prendre pour tourner adroitement l'esprit des gens du côté qu'on souhaite.

Mais quand bien cette Histoire seroit trop particuliere en elle-même au goût de bien des gens, n'est-ce pas assez qu'elle sorte des mains de Machiavel pour la rendre digne de l'estime du public ? Les grands ouvriers impriment toujours sur leurs ouvrages des caracteres qui les distinguent ; & quand les faits qui sont rapportés dans ce Livre ne seroient pas grands hors de-là, ils deviennent considérables dès qu'ils sont ramassés & digérés par un grand-homme, qui connoît bien ce qui est digne d'être remarqué, & ce qui est le plus propre à rendre une lecture utile. Si donc l'on prend bien l'esprit de cette Histoire, qui est celle d'un peuple naturellement fin & prudent, l'on doit espérer de se rendre aussi habile homme, que par la lecture de quelqu'autre que ce soit. Et pour ceux qui ne veulent rien lire, que ce qui intéresse, au moins une des quatre parties du monde à-la-fois, ils n'ont qu'à lire des gazettes & les changemens des grandes monarchies, qu'on trouve dans tous les abrégés de chronologie ; ils auront par-là autant de plaisir que ceux qui voient jouer des machines sans connoître les principes de leurs mouvemens. J'avoue néanmoins à cet égard, que notre auteur ne fait pas tant de réflexions politiques que Tacite ; mais il expose si bien les faits avec les ressorts qui les animent, qu'un Lecteur n'a pas de peine à en tirer de justes conséquences : & cette voie est peut-être meilleure qu'une autre pour former l'esprit, parce que les pensées que nous croyons produire de nous-mêmes, nous frappent plus que celles que nous recevons des autres.

Il se pourra encore rencontrer des gens qui trouveront, dans le cours de cette Histoire, des circonstances qu'on eût pu omettre comme légeres. Mais tout le monde n'est pas en état de juger du choix qu'on en doit faire, & les plus habiles s'en rapporteront aisément au goût de l'auteur, qui n'a pas passé jusqu'ici pour un ignorant, ni pour un homme sans discernement.

Je suppose donc qu'il n'a pas à craindre de reproches du côté de l'esprit ; mais on ne lui fera pas la même justice du côté du cœur; & quoique j'aie déjà dit quelque chose pour sa justification dans ma Préface sur ses *Discours Politiques*, je ne peux m'empêcher de faire remarquer ici un trait de sa franchise & de son amour pour la vérité : c'est qu'il en dit de très-dures sur le chapitre des papes dans tout le cours de cette Histoire, qu'il dédie à un pape même de la maison de Médicis, très-puissant, & son bienfaiteur ; & sans se contenter de réciter plusieurs de ces affreuses vérités, dont la vie des pontifes Romains est remplie, il ajoute : *Nous voyons encore aujourd'hui les mêmes choses*, c'est-à-dire des guerres & des désordres prodigieux arrivés en Italie, *dont ces Evêques*, dit-il, *ont presque toujours été les boute-feux*. Il conclut en disant : *Que c'est ce qui fait que cette pauvre Italie est déchirée par tant de divisions, & se trouve dans un état si malade.* C'est faire assez mal la cour à Clément VII, pour un politique tel que Machiavel. Nos curés de Paris l'entendent bien mieux que lui, lorsqu'en corps ils disent plus de bien à leur archevêque, qu'ils n'en auroient peut-être dit à Jésus-Christ & à ses Apôtres, s'ils eussent été sur terre. Ce que j'infere de ceci, c'est qu'un homme capable de dire la vérité dans des conjonctures comme celle-ci, n'est guères disposé à la supprimer par bassesse ou par intérêt. L'on ne dira pas non plus ici, que ce soit par stupidité ou par ignorance ; ainsi l'on peut regarder cette Histoire comme très-sincere.

LETTRE

DE

NICOLAS MACHIAVEL

AU PAPE

CLÉMENT VII.

Puisque Votre Sainteté m'a commandé, avant même qu'elle fût parvenue
au pontificat, de faire l'Histoire du peuple
Florentin, j'ai tâché d'exécuter cet ordre
avec toute la diligence possible, & avec
toutes les lumieres que la nature & l'ex-
périence m'ont fournies. Mais étant parvenu
dans les malheureux tems où la mort de
l'illustre Laurent de Médicis a fait changer
de face à toutes les affaires d'Italie, j'ai cru
devoir ramasser en un volume tout ce
qui a précédé cette mort, parce que les

événemens qui l'ont suivie sont bien plus extraordinaires, & ils demandent par conséquent plus d'efforts de génie & plus d'étude, pour les mettre au jour. Cependant il est juste de dédier les commencemens de cette Histoire à Votre Sainteté, afin qu'elle reçoive, en quelque façon, les prémices des fruits qu'elle a semés ellemême, & que j'ai pris le soin de cultiver par ses ordres.

Si donc Votre Sainteté lit cette Histoire, elle verra que, dès le commencement de la décadence de l'Empire en Occident, l'Italie fut exposée pendant plusieurs siécles à une infinité d'invasions & à beaucoup de mutations de gouvernement : elle verra que le Pape, les Vénitiens, le royaume de Naples & le duc de Milan, s'éleverent dans cette partie de l'Empire à la souveraine puissance & à une autorité absolue : elle verra enfin comment notre patrie s'étant détachée de l'autorité de l'Empereur, après des divisions qui la troublerent elle ne put jamais parvenir à être bien unie au-dedans depuis ce tems-là, que lorsqu'elle fut gouvernée par votre illustre maison. Mais Votre Sainteté, qui a de l'aversion pour la flatterie, plus que de penchant à entendre les véritables éloges qui lui sont dûs, trouvera peut-être que je ne me suis pas tenu dans les bornes des ordres exprès qu'elle m'a donnés avec tant d'instance, de ne rien dire qui approchât de l'apparence même d'un style flatteur, lorsqu'il seroit question de parler de vos glorieux ancêtres. Car, qui pourra croire qu'on ne dise rien que de véritable, lorsqu'on ne fera qu'un simple récit de la bonté de Jean de Médicis, de la sagesse de Cosme, de l'humanité de Pierre, & de la prudence jointe à la magnificence de Laurent ?

Je me disculpe donc de ce soupçon envers Votre Sainteté, & envers tous ceux qui pourroient désapprouver tout ce que je rapporterai à cet égard comme peu fidele, en disant que tous les Mémoires qui ont paru en tout tems, de la vie de ces grands-hommes, étant pleins de leurs belles actions & de leur grande conduite, je devois les rapporter telles que je les trouvois dans l'Histoire, ou les supprimer comme un auteur malin & envieux. Que s'il est vrai, comme quelques-uns le disent, que ces grandes actions couvroient une ambition pernicieuse à la liberté publique, il me semble que je ne suis pas obligé de le dire, puisque je ne vois rien qui me le prouve; car j'ai toujours suivi cette maxime dans tous mes écrits, de n'excuser jamais une méchante action par une bonne intention, ni réciproquement d'obscurcir une conduite glorieuse par une mauvaise interprétation. Et pour faire voir combien je suis éloigné du sale penchant de flatterie, il n'y a qu'à examiner tout le tissu de mon Histoire, & sur-tout les harangues & les discours publics & particuliers, où vous voyez que, sans aucuns égards, je fais que chaque personne y marque son penchant & son cœur, sans m'éloigner du sens & de l'intention de ceux qui parlent. Il est vrai que j'évite par-tout les termes odieux, parce que je les trouve indignes de la majesté de l'Histoire, & peu nécessaires pour soutenir la vérité. Quiconque donc examinera mes écrits d'une maniere judicieuse & désintéressée, ne pourra jamais m'accuser de flatterie ; sur-tout si l'on veut bien remarquer que j'ai dit très-peu de chose du pere de Votre Sainteté. Il est vrai que la petite durée de sa vie en a été cause, ce qui l'a empêché de se faire connoître, & moi d'en parler beaucoup. Cependant il n'a pas laissé de se rendre illustre, en mettant au monde un fils qui soutient si dignement la majesté de la Tiare ; & la gloire qu'il a d'être votre pere surpasse de beaucoup celle de tous ses ancêtres ; car cette gloire ajoutera plus de siécles à sa renommée, que la malignité du destin n'a retranché d'années à sa vie.

L'intention que j'ai eue dans cette Histoire, Très-Saint Pere, c'est de tâcher à satisfaire tout le monde, sans intéresser la vérité ; & peut-être n'aurai-je contenté personne. Mais quand cela seroit je ne m'en étonnerois pas, parce que je ne crois pas qu'il soit possible d'écrire les choses arrivées de son tems sans chagriner bien des gens. Je ne laisse pourtant pas d'entrer dans cette carriere avec joie, parce que je me flatte que Votre Sainteté, qui m'a déjà comblé de bienfaits, voudra bien y joindre encore la protection qu'on doit attendre infailliblement de la force & de la grandeur de son saint jugement ; ce qui m'engagera à continuer le dessein de cette Histoire avec autant de courage & d'assu-rance que je l'ai commencée, pourvu que je continue de vivre & de ressentir les effets de vos saintes bontés.

Je suis, &c.

HISTOIRE

HISTOIRE

DE

FLORENCE.

LIVRE PREMIER.

LES peuples qui habitent les climats du Nord, au-delà du Rhin & du Danube étant nés dans un pays sain , & par conséquent propre à la production , viennent souvent à multiplier tellement, qu'une partie d'entr'eux est obligée d'abandonner le lieu de sa naissance, & de chercher de nouveaux pays pour y habiter. Quand donc quelques-uns de ces pays-là veulent se décharger de la trop grande quantité de leurs habitans , voici l'ordre qu'ils y observent. Ils se partagent en trois parties égales & également remplies de noblesse & de peuple, de pauvres & de riches. Ensuite celle

Tome IV. A

de ces trois parties sur qui le sort tombe, va
chercher fortune, & les deux autres étant dé-
chargées de ce tiers, retournent dans leurs maisons. Ces peuplades ont détruit l'empire romain,
par la faute des empereurs, qui ayant abandonné
Rome, le véritable siége de l'empire, pour demeurer à Constantinople, ont rendu par cette
conduite la partie occidentale plus foible, ne
pouvant pas la garder si bien ; & ainsi ils l'ont
exposée à la tyrannie de leurs ministres & à
l'invasion des barbares. Véritablement il ne falloit
pas une moindre lâcheté dans les empereurs, une
plus grande infidélité dans leurs ministres, ni une
attaque moins violente, ni moins opiniâtrée, pour
ruiner un si grand empire, cimenté par le sang
de tant de grands hommes. Car enfin ce ne fut
pas une seule inondation de ces peuples, mais
une conjuration de plusieurs, qui le désolerent.
Les premiers de ces ennemis, qui vinrent l'attaquer après les Cimbres (1), que Marius bourgeois de Rome défit, furent les Visigots (2).
Ces gens-là après quelques combats donnés sur
les frontieres de l'Empire, obtinrent des empe-

---

(1) C'étoit des peuples du Danemarck.
(2) C'est-à-dire les Gots d'Occident.

reurs la permission de s'établir sur les bords du Danube , & quoique de tems en tems , & sur différens prétextes ils se jetassent sur les autres provinces , ils furent pourtant toujours remis dans leur devoir par la puissance des empereurs , dont le dernier , qui les défit glorieusement , fut Théodose ; de sorte qu'étant entrés sous son obéissance , ils n'établirent plus de roi sur eux , mais se contentant des gages qu'ils recevoient , ils vivoient sous l'autorité de l'Empire , & combattoient sous ses enseignes. Mais Théodose laissant par sa mort Arcadius & Honorius héritiers de sa monarchie , & non pas de sa vertu & de son bonheur , les tems changerent avec le prince. Théodose avoit établi trois gouverneurs sur les trois parties de l'Empire ; Rufin sur l'Orient, Stilicon sur l'Occident, & Gildon sur l'Afrique. Tous ces gens-là , après la mort de leur maître , formerent le dessein , non-seulement de gouverner, mais aussi de s'emparer chacun des pays qu'on lui avoit confiés. Dès l'abord Rufin & Gildon furent détruits. Mais Stilicon plus dissimulé qu'eux , tâcha d'acquérir du crédit auprès des nouveaux empereurs , & d'autre côté , de troubler tellement l'État , qu'il pût aisément s'en rendre maître. Or, pour commencer à leur rendre les Visigots ennemis , il leur conseilla de ne

leur payer plus la pension ordinaire. Outre cela
ne trouvant pas que ce fut assez des Visigots
pour troubler l'Empire, & sachant que les Bourguignons, les François, les Vandales & les Alains,
tous peuples aussi du Septentrion, étoient déjà
en marche pour chercher de nouveaux pays, il fit
ensorte qu'ils se jetassent sur les provinces de
l'Empire. Les Visigots donc, ne recevant plus
leurs pensions, établirent sur eux Alaric pour
roi, & attaquant l'Empire, après plusieurs accidens, ils ravagerent l'Italie, prirent & saccagerent Rome. Après cette conquête, Alaric
mourut, & Ataulfe lui succéda. Il se maria ensuite à Placidie, sœur des empereurs ; & par
cette alliance, il demeura d'accord avec eux,
qu'il iroit secourir les Gaules & l'Espagne, qui
étoient attaquées par les Vandales, Bourguignons,
Alains & François, qui y avoient été attirés
comme nous venons de dire. Il arriva de-là, que
les Vandales qui s'étoient emparés de cette partie
de l'Espagne appelée Bétique, se voyant maltraités par les Visigots, sans y pouvoir apporter
de remede, prirent volontiers le parti de passer
en Afrique, y étant invités par Boniface qui en
étoit gouverneur, & qui s'étant révolté contre
l'empereur, appréhendoit d'en être châtié ; de
sorte que les Vandales se rendirent maîtres de

l'Afrique, sous la conduite de Genséric leur roi.

Pendant tout cela, Théodose, fils d'Arcadius, avoit succédé à l'Empire, & comme ils ne se mettoit pas en peine des affaires d'Occident, il donna lieu à toutes ces peuplades de penser à s'affermir dans leurs conquétes. Ainsi, les Vandales dominoient en Afrique, les Alains & les Visigots en Espagne, les François & les Bourguignons, non-seulement conquirent les Gaules, mais même chacun de ces peuples imposa son nom à la partie qu'ils en avoient conquise ; de sorte que l'une d'elles fut appelée la France, l'autre la Bourgogne. Les heureux succès de ceux-ci déterminerent de nouvelles peuplades à venir démembrer l'Empire, & d'autres peuples appellés les Huns, s'emparerent de la Pannonie, province située en-deça du Danube ; & comme elle a pris le nom de ses nouveaux conquérans, on l'appelle aujourd'hui la Hongrie. Ce qui augmenta encore ces désordres fut, que l'empereur se voyant attaqué de tant de côtés, traita tantôt avec les Vandales, tantôt avec les François, espérant diminuer par-là le nombre de ses ennemis. Mais cela augmenta le crédit & la puissance des barbares, & diminua par conséquent la force & la réputation de l'Empire. La Bretagne même, qu'on

appelle aujourd'hui l'Angleterre , ne fut pas
exempte de ces inondations , car les Bretons redoutant les François leurs nouveaux voisins , &
voyant que l'empereur ne pouvoit pas les défendre,
appellerent à leur secours les Anglois, peuples
d'Allemagne , qui accepterent ce parti , & sous
la conduite de Votiger leur roi , ils vinrent pour
les protéger ; ce qu'ils firent d'abord , mais ensuite ils les chasserent de l'île qu'ils habiterent
après cela tous seuls , & de leur nom l'appelerent
Angleterre. Mais les habitans chassés de leur
patrie , devinrent féroces par la nécessité , &
quoiqu'ils n'eussent pas eu le courage de conserver leur propre pays , ils ne laisserent pas de
former le dessein d'entrer dans celui d'autrui.
Ils passerent donc la mer avec leurs familles , &
s'emparerent des lieux les plus proches , & de
leur nom appelerent Bretagne le pays où ils s'arrêterent. Les Huns , qui comme nous l'avons dit
avoient conquis la Hongrie , s'étant ligués avec
d'autres peuples , appellés Gépides , Erules ,
Turingiens & Ostrogots (1) ; tous cela , dis-je ,
se mirent aussi en marche pour trouver de nouveaux pays , & ne pouvant entrer dans la France

____

(1) C'est-à-dire les Gots d'orient.

qui étoit gardée par les barbares, ils vinrent en Italie, sous Attila leur roi, qui pour regner seul, avoit depuis peu tué Bleda son frere; ce qui l'ayant rendu très-puissant, Andaric roi des Gépides, & Vélamir roi des Ostrogots devinrent comme ses sujets. Attila donc étant venu en Italie, assiégea Aquilée (1), qui l'arréta deux ans sans trouver d'opposition à ce dessein; & pendant le siége il ravagea tout le pays d'alentour, & dispersa tous ses habitans; ce qui donna la naissance à la ville de Venise, comme nous le dirons dans son lieu.

Après avoir pris & saccagé Aquilée, avec plusieurs autres villes, il prit sa route du côté de Rome, qu'il épargna à la priere du pape, pour lequel il eut tant de respect, qu'il sortit d'Italie & se rétira en Autriche où il mourut. Après sa mort, Vélamir roi des Ostrogots, & les chefs des autres nations, prirent les armes contre Tenric & Euric ses enfans, dont ils tuerent l'un & obligerent l'autre avec les Huns à repasser le Danube, & à retourner dans leur pays; & les Ostrogots & les Gépides s'établirent en

____

(1) C'est la capitale du Frioul, et un patriarchat à-présent sujet aux Vénitiens. –

Hongrie : & les Erules & les Turingiens demeurerent de l'autre côté du Danube. Quand
Attila eût laissé l'Italie, Valentinien, empereur
d'Occident, fit la résolution de la rétablir ; &
afin d'être mieux en état de la défendre contre les
barbares, il quitta Rome, & mit le siége de
l'empire à Ravenne.

Tous ces malheurs que l'empire d'Occident
avoit essuyés, avoient obligé l'empereur d'O-
rient, qui demeuroit à Constantinople, d'en
accorder la possession à d'autres, comme d'une
chose qui l'engageoit à de très-grands dangers,
& à plusieurs grandes dépenses. Souvent même
& sans lui en donner avis, les Romains créoient
un nouvel empereur pour les défendre, se voyant
abandonnés par l'autre. Il y en avoit aussi qui
usurpoient cet empire, comme il arriva dans ce
tems-là ; car après la mort de Valentinien,
Maxime s'en empara, & contraignit Eudonie,
femme du défunt, de l'épouser. Mais comme
elle souhaitoit de se venger de cet affront, ne
pouvant pas, étant du sang impérial, se résoudre
à supporter l'alliance d'un simple bourgeois,
elle encouragea sous main Genséric, roi des
Vandales & maître de l'Afrique, à venir en Italie, dont elle lui fit voir la facilité de la conquéte, & la grande utilité qu'il en tireroit. Ce

roi étant donc attiré par un si riche butin , ne
perdit point de tems pour se rendre à Rome , &
l'ayant trouvée sans défense , il la saccagea , &
y demeura quatorze jours. Il prit outre cela
plusieurs autres places en Italie , & enfin étant
chargé de richesses , lui & son armée , il s'en
retourna en Afrique. Les Romains , après être
retournés à Rome , créerent pour empereur
Avitus Romain en la place de Maxime qui étoit .
mort. Enfin , après plusieurs évenemens arrivés
en Italie & ailleurs , & après la mort de plusieurs
empereurs , l'Empire de Constantinople tomba
entre les mains de Zénon , & celui de Rome
entre celles d'Oreste & d'Augustule son fils ,
qui s'en rendirent maîtres par fourberie.

Or , pendant qu'ils espéroient se conserver
par la force , les Erules & les Turingiens , qui ,
après la mort d'Attila , s'étoient établis au-delà
du Danube , ayant fait ligue ensemble sous
Odoacre leur chef , vinrent en Italie ; & les
Lombards , peuples aussi du Nord , étant venus
sous la conduite de Godole leur roi , entrerent
dans les pays que ces premiers laissoient vides ,
& furent , comme nous dirons ailleurs , le dernier fléau de l'Italie. Odoacre étant donc entré
dans ces pays-là , vainquit & fit mourir Oreste
auprès de Pavie ; & Augustule se sauva par la

fuite. Après cette victoire , afin que Rome ,
avec le changement de maître changeât aussi de
titre , Odoacre se fit appeler roi de Rome , &
il fut le premier de tous les chefs des peuplades
qui faisoient alors des courses dans le monde ,
qui commençat à faire sa demeure en Italie ; car
tous les autres , après l'avoir dépouillée , avoient
cherché d'autres demeures, soit qu'ils craignissent
de ne pouvoir la conserver , parce qu'elle pouvoit
être facilement secourue de l'empereur d'Orient,
soit pour quelqu'autre raison inconnue.

Cependant dans ces tems-là, l'ancien Empire
Romain étoit réduit sous la puissance de ces
princes-ici. Zénon , regnant à Constantinople ,
commandoit à tout l'Empire d'Orient ; les Ostrogots tenoient la Mesie & la Pannonie (1) ;
les Visigots, les Sueves & les Alains regnoient
en Gascogne & en Espagne ; les Vandales en
Afrique ; les François & les Bourguignons en
Gaule ; & les Erules avec les Turingiens s'étoient
emparés de l'Italie. Le royaume des Ostrogots
étoit tombé entre les mains de Théodoric, neveu de Vélamir , lequel , étant en bonne correspondance avec Zénon , empereur d'Orient ,

____

(1) C'est aujourd'hui la Bosnie et la Servie.

lui écrivit, *Qu'il paroissoit étrange à ses sujets,
qu'étant les plus vaillans de tous les peuples, ils
ne fussent pas les plus puissans en Etats, & qu'il
ne pouvoit pas les retenir dans les bornes de la
Pannonie ; en sorte que, se voyant obligé de
leur laisser prendre les armes & aller chercher
d'autres pays, il jugeoit à propos de lui en donner
avis auparavant, afin qu'il pût y pourvoir, en
leur accordant de bon gré un pays où ils pussent
vivre avec plus d'honneur & plus de commodités.*
Zénon, en partie par appréhension, & en partie
souhaitant de chasser Odoacre d'Italie, accorda
à Théodoric d'aller contre lui, & de prendre
possession de l'Italie. Il partit donc aussi-tôt de
ses États, où il laissa les Gépides, peuples avec
qui il étoit lié d'amitié, & étant venu en Italie,
il tua Odoacre avec son fils ; & suivant l'usage
déjà établi, il prit le titre de roi d'Italie, &
établit sa demeure à Ravenne, par les mêmes
raisons qui y avoient porté Valentinien. Théodoric étoit un très-grand homme, & pour la
guerre & pour la paix, de sorte qu'il étoit le
vainqueur de ses ennemis & le bienfaiteur de ses
peuples. Il distribua les Ostrogots dans les provinces, avec leurs chefs, pour les commander
à la guerre, & pour les moriginer durant la
paix. Il accrut Ravenne, rétablit Rome, & ex-

cepté le maniement des armes qu'il ne leur rendit pas, il fit d'ailleurs aux Romains tout l'honneur possible. Il retint dans leurs limites tous les rois barbares qui avoient demembré l'Empire ; mais il le fit par le seul secours de son autorité, sans être obligé de prendre les armes. Il fit des forts & des citadelles entre le bout du golfe Adriatique & les Alpes, afin de mieux fermer le passage aux nouvelles inondations de barbares, qui auroient encore envie de ravager l'Italie ; & si tant de belles qualités n'avoient point été gâtées sur la fin de ses jours par quelques cruautés qu'il exerça, particulierement envers Simaque & Boéce, personnages de grande sainteté, sur des soupçons d'État, sa mémoire seroit dans une parfaitement bonne odeur, & digne d'être glorieusement célébrée ; car ce fut par sa bonté & par se valeur que Rome, l'Italie & toutes les autres provinces de l'Empire d'Occident, se délivrerent des fléaux continuels dont elles avoient été battues pendant tant d'années par les courses des barbares ; & par son moyen elles se rétablirent dans un bon ordre, & dans un état assez heureux. Car il est vrai, que s'il y eut jamais des tems fâcheux pour l'Italie & les autres provinces, ce fut sans doute ceux qu'on passa depuis Arcadius & Honorius jusqu'à Théodoric ; puisque, si l'on considere

quel préjudice un État reçoit par le changement
de maître ou de gouvernement, sans qu'on y fasse
entrer une force étrangere, mais par la seule discorde qui en vient dans le pays, où les moindres
nouveautés apportent avec elles la ruine de l'État
le plus puissant, on pourra aisément comprendre
combien l'Italie & les autres provinces souffrirent
dans ces tems-là par le changement de gouvernement, de loix, de coûtumes, de maniere de
vivre, de religion, d'habits, de langues, & de
leurs propres noms mêmes; car toutes ces choses-
là, sans les prendre toutes ensemble, mais
seulement séparément, sans les souffrir, ni
méme les voir, feroient frémir par la sule ima-
gination, l'ame la plus ferme & la plus coura-
geuse.

De tous ces changemens vinrent les commencemens & les augmentations, aussi bien que la
destruction & la décadence de plusieurs villes.
Entre celles qui périrent, on compte Aquilée,
Luni, Chiusi, Popolonie, Fiesole, & plusieurs
autres. Entre celles qui eurent alors leur origine,
il faut compter Venise, Siene, Ferrare, l'Aquila, & plusieurs autres places & châteaux dont
je ne parlerai point, pour éviter la prolixité.
Celles qui s'accrurent, furent Florence, Génes,
Pise, Milan, Naples & Boulogne, auxquelles

il faut joindre la destruction & le rétablisse-
ment de Rome & de beaucoup d'autres, qui
furent aussi détruites & rebâties. Au milieu de ces
désolations & de ces nouveaux peuples, on vit
naître de nouveaux langages, comme cela se re-
marque dans ceux que l'on parle en France, en
Espagne, & en Italie, qui étant mélés avec la
langue naturelle de ces barbares & l'ancien lan-
gage de Rome, il s'en est formé d'autres especes
différentes. Outre tout cela, les provinces, les
lacs, les rivieres, les mers & les gens mêmes,
ont changé leurs noms ; car la France, l'Espagne
& l'Italie sont remplies de noms nouveaux & fort
éloignés des anciens, comme, sans aller plus
loin, cela se voit dans les noms de la riviere
du Pô, du lac de la Garde, & de l'Archipel,
qui sont à présent connus sous des noms bien
différens des anciens. Les hommes aussi, de Cé-
sars & de Pompées, sont devenus des Pierres,
des Jeans & des Matthieus.

Mais entre tous ces changemens, il n'y en eut
point de plus grande conséquence, que celui qui
arriva dans la religion, parce que la coûtume
persuadant l'ancienne, & les miracles autorisant
la nouvelle, cela faisoit naître des troubles &
des dissensions terribles entre les hommes. Encore
si la religion chrétienne eût été uniforme, il n'y

auroit pas eu de si grands désordres ; mais l'église
de Rome , celle de Ravenne & la Grecque, étant
en dissension , aussi bien que les hérétiques &
les catholiques, cela causa une infinité de maux
au monde ; témoin l'Afrique , qui souffrit plus
de miseres par l'Arianisme, qui avoit infecté les
Vandales , que par leur avarice & leur cruauté.
Les hommes vivant donc au milieu de tant de
persécutions, portoient peint sur le visage le
trouble de leur esprit , car outre les maux infinis
qu'ils enduroient , la plupart d'entr'eux ne
pouvoient pas même avoir leur refuge à Dieu ,
qui est la retraite de tous les malheureux , parce
que la plus grande partie ne sachant à quelle di-
vinité ils devoient recourir , & manquant de tout
secours & de toute espérance , ils mouroient
d'une maniere misérable. Théodoric donc méritoit de grandes louanges , en ce que sa premiere
pensée fut de faire cesser tous ces désordres ; en
sorte qu'en trente-huit ans qu'il regna en Italie ,
il l'a rétablit à un tel point , qu'on n'y voyoit
plus de marques de ses anciennes souffrances.
Mais après la mort de ce bon roi, l'État étant
parvenu entre les mains d'Atalaric , fils de sa
fille Amalazonte , il retomba bientôt dans ses
premiers malheurs , la fortune n'ayant pas encore
déchargé toute sa colere ; car Atalaric mourut

peu de tems après son grand pere , & le royaume
étant sous le gouvernement de sa mere, elle fut
trahie par Théodat qu'elle avoit appelé pour lui
aider à le gouverner. Ce scélérat ayant fait mourir
cette princesse , & usurpé le royaume , il se rendit odieux aux Ostrogots ; ce qui donna le
courage à Justinien de penser à le chasser d'I-
talie. Il commit donc la conduite de cette expédition à Belisaire, qui avoit déjà chassé les Vandales d'Afrique , & réuni à l'Empire cette partie
qu'ils en avoient démembrée.

Belisaire conquit d'abord la Sicile , & passant
de-là en Italie , il prit Naples & Rome. Mais les
Gots voyant ces pertes , tuerent Theodat leur
roi, comme en étant la cause , & élurent en sa
place Vitigete , qui après quelques rencontres ,
fut assiégé & pris dans Ravenne par Belisaire.
Mais devant que ce général eût entierement terminé cette guerre, l'empereur le rappela , & mit
en sa place Jean & Vitalé, tous deux fort éloignés
de l'honnéteté & de la valeur de Belisaire. Cela
redonna du courage aux Gots, qui élurent pour
leur roi Ildouade , gouverneur de Verone. A
celui-ci qui fut tué , succéda Totila, qui battit
les armées de l'empereur , reconquit la Toscane,
& regagna sur ces généraux de Justinien presque
tout ce que Belisaire avoit conquis. C'est ce qui

fit

fit résoudre l'empereur de le renvoyer en Italie ;
mais il y revint avec si peu de forces, qu'il eut
peine à ne pas perdre toute la réputation qu'il
s'étoit acquise par ses premiers exploits ; car
Totila prit Rome sous ses yeux, pendant qu'il
étoit à Ostie avec l'armée impériale. Mais ce roi
voyant qu'il ne pouvoit garder cette ville, ni
l'abandonner avec honneur, il la détruisit presque
toute, en chassa le peuple, & emmena avec lui
les sénateurs ; & méprisant Belisaire, il passa
encore en Calabre, pour combattre des troupes
qu'on lui envoyoit de Grèce. Belisaire voyant
donc Rome abandonnée, forma le glorieux dessein de la rétablir ; car y étant entré, il rebâti
avec une diligence extrème ses murailles & y
rappella les habitans. Mais la fortune traversa ce
beau dessein, car Justinien étant dans ce même
tems attaqué par les Parthes, il rappela Belisaire,
qui, pour obéir à l'empereur son maître, abandonna
l'Italie à la discrétion de Totila, qui reprit encore Rome ; mais il ne la traita pas comme la
premiere fois, car à la priere de Saint-Benoît,
qui étoit alors en grande réputation de sainteté,
il se mit au contraire à la rétablir.

Cependant Justinien fit la paix avec les Parthes,
& comme il étoit sur le point de renvoyer du
monde au secours de l'Italie, les Esclavons, nou-

veaux peuples septentrionaux, ayant passé le Danube, & donné sur l'Illyrie & sur la Trace, l'en empêcherent ; de sorte que Totila acheva de conquérir presqu'entierement cette belle partie de l'Empire. Mais Justinien ayant vaincu les Esclavons, renvoya ses armées en Italie, sous la conduite de Narses, homme fort expérimenté au métier de la guerre, qui défit Totila, & le tua ; ainsi les réchappés des Gots se retirerent à Pavie, où ils prirent Teia pour roi. D'autre côté, Narses après sa victoire prit Rome, & enfin il livra bataille à Theia auprès de Nocera, où il le défit & le tua. Cette victoire éteignit le nom de Gots en Italie, où ils avoient regné soixante-&-dix ans, depuis Théodoric leur roi jusqu'à Theia.

Mais si-tôt que l'Italie fut délivrée des Gots, Justinien mourut, et eut pour successeur Justin son fils, qui, par le conseil de Sophie sa femme, rappella Narses d'Italie, et lui donna pour successeur Longin. Celui-ci suivit la coutume des autres, de demeurer à Ravenne ; & de plus, il donna une nouvelle face aux affaires dans toute l'Italie ; car, il ne mit pas des gouverneurs sur les provinces, comme avoient fait les Gots ; mais, il établit sur toutes les villes, & sur les places de quelque conséquence, des chefs, à qui il

donna le nom de ducs. Même dans cette inno-
vation , il ne marqua aucune distinction pour
Rome , dont il ôta les consuls & les sénateurs ,
qui avoient été conservés jusqu'à ce tems-là ,
& lui donna aussi un duc qui lui étoit envoyé
tous les ans de Ravenne ; mais celui qui étoit
établi de la part de l'empereur dans cette derniere ville , eut le titre d'Exarque. Ce nouveau
partage de l'Italie hâta sa perte ; car il en faci-
lita la conquête aux Lombards ; ce qui vint de
ce que Narses étoit outré contre l'empereur ,
qui l'avoit dépouillé de ce gouvernement , dont
il s'étoit rendu si digne par sa valeur & par ses
belles actions : & ce prince ne fit cette injustice
que pour satisfaire le caprice de Sophie, laquelle
même renvoyant cet excellent capitaine , lui dit
mille outrages , le menaçant de *lui mettre une
quenouille à la main , & de le renvoyer filer avec
les autres eunuques.* Ce grand homme donc
poussé à bout par ces mauvais traitemens , persuada à Alboin roi des Lombards , qui regnoit
alors en Hongrie , de venir conquérir l'Italie.

Nous avons dit ci-dessus, que les Lombards
s'étoient rendus les maîtres des pays d'auprès le
Danube, que les Erules & les Turingiens avoient
abandonné , lorsque sous la conduite de leur roi
Odoacre , ils vinrent en Italie. Ces Lombards

donc demeurerent-là quelque tems , jusqu'à ce qu'ils eussent pour roi cet Alboin , qui étoit un homme féroce & entreprenant , & qui leur faisant passer le Danube , combattit Commode , roi des Gépides , qui régnoit en Hongrie , & le défit. Et parmi les prisonniers , ayant trouvé Rosimonde (1) fille de Commode , il l'épousa , s'empara du royaume & pour mémoire de cette grande victoire , il se fit faire une tasse du test de son beau-pere , dans laquelle il buvoient d'ordinaire , ce qui fut un prodige de brutalité. Mais Narses , qui pendant la guerre des Gots , avoit eu correspondance avec lui , l'appella en Italie ; & ce roi laissa la Pannonie aux Hongrois, qui , après la mort d'Attila , étoient retournés dans leur pays & il s'en vint en Italie , laquelle étant divisée par tant de factions , il s'empara presque tout d'un coup de Pavie , de Milan , de Verone , de Vicense , de toute la Toscane , & de la plus grande partie de la Romagne. Croyant donc que de si grandes & si promptes conquêtes lui donneroient bientôt toute l'Italie, il fit un grand festin à Verone , & à force de boire étant devenu comme enragé , il fit pré-

---

(1) Ou Rosmunde.

senter à Rosimonde le test de Commode, qui se trouva plein de vin, lui disant hautement, *Que dans une si grande réjouissance il entendoit qu'elle la célébrât, en buvant avec son pere.* Cet ordre fut un coup de poignard pour cette pauvre princesse, qui résolut de s'en venger ; & sachant qu'un jeune gentilhomme Lombard, courageux & robuste, qu'on appelloit Almachilde, étoit amoureux d'une de ses demoiselles, cette reine obligea la demoiselle à souffrir qu'elle couchât en sa place avec Almachilde, qui, selon le rendez-vous qu'on lui avoit donné, vint dans un lieu obscur, & se coucha auprès de la reine, qu'il traita comme la demoiselle ; mais, Rosimonde s'étant déclarée, elle lui marqua, *Qu'il devoit, ou tuer le roi, & ensuite la posséder avec le royaume, ou s'assurer que le roi le feroit mourir comme ayant violé la reine.* Almachilde voulut bien s'engager à tuer le roi ; mais le coup étant fait, & voyant qu'il ne leur étoit pas aisé de s'emparer du royaume, à cause de l'amitié que les Lombards avoient pour le défunt, ces nouveaux amans pillerent le trésor royal & se retirerent à Ravenne auprès de Longin, qui les reçut avec honneur.

Pendant toutes ces traverses l'empereur mourut & Tibere lui succéda ; mais sans pouvoir penser à l'Italie , parce que la guerre des Parthes lui donnoit assez d'occupation. Cette conjoncture fit naître la pensée à Longin de se faire roi des Lombards & de toute l'Italie , par le moyen de la reine Rosimonde & de son trésor. Il conféra donc avec elle sur ce projet , & lui persuada de l'épouser après avoir fait mourir Almachilde; ce qu'elle accepta ; & ayant fait empoisonner une tasse de vin , elle la lui présenta de sa propre main, dans un tems qu'il étoit fort altéré, en sortant du bain. Mais , si-tôt qu'il l'eut bue à demi, se sentant frappé en dedans , & en voyant bien la cause, il força la reine à avaler le reste , ce qui les fit mourir tous deux fort prompte- ment , & ôta à Longin l'espérance de devenir roi.

Cependant les Lombards s'étant assemblés à Pavie , qu'ils avoient faite la capitale de leur royaume ; couronnerent Clesi, qui rebâtit Imola, que Narses avoit ruinée, & prit Rimini & presque tout ce qu'il y avoit de places jusqu'à Rome ; mais il mourut au milieu de ses conquêtes. Ce roi fut si cruel , non-seulement aux étrangers, mais même à ses propres sujets, que les Lom- bards étonnés de la puissance royale, ne vou- lurent plus se donner de rois, mais ils établirent sur eux trente ducs, pour gouverner eu leur

place. Ce changement fut cause que ces peuples
ne conquirent jamais toute l'Italie, & que leur
royaume n'alla jamais plus loin que Benevent,
pendant que Rome, Ravenne, Crémone, Man-
touë, Padouë, Monselice, Parme, Boulogne,
Faenza, Fourlu, Césene, ou tinrent bon long-
tems, ou même ne tomberent jamais entre leurs
mains ; car n'ayant point de roi, ils n'étoient
pas si-tôt disposés à faire la guerre, & après
qu'ils furent retombés sous cette espece de
gouvernement, ils n'étoient pas si soumis qu'auparavant, étant bien plus propres à former &
à entretenir parmi eux des factions, parce qu'ils
avoient goûté la liberté pendant un tems. Ce
fut donc ce qui retarda leurs conquêtes, &
qui enfin les fit chasser d'Italie.

Les Lombards donc étant en ces termes,
Longin & les Romains firent la paix avec eux,
aux conditions que chacun quittât les armes &
jouît paisiblement de ce dont ils étoient maîtres
les uns & les autres. Dans ces tems-là, les
papes commencerent à faire monter leur autorité bien au-delà de ce qu'elle avoit été jusques
alors ; car les premiers après S. Pierre étoient
révérés par la sainteté de leur vie & par leurs
miracles, & ces grands exemples accrurent tellement la religion chrétienne, qu'enfin les princes

mêmes furent obligés de l'embrasser, pour éviter & éteindre toutes les divisions & les désordres que cela produisoit dans le monde. L'empereur étant donc devenu chrétien, & s'étant retiré à Constantinople, cela fit aller l'empire romain en décadence, comme nous l'avons déjà dit, & augmenta l'autorité de l'église romaine. Cependant l'Italie ayant toujours été soumise aux empereurs, ou à des rois, jusqu'à la venue des Lombards, les papes ne prirent point d'autre autorité dans tous ces tems-là, que celle que leur attiroit la vénération qu'on avoit pour leur sainteté & pour leur bonne doctrine ; & dailleurs, ils obéissoient aux empereurs & aux rois, qui quelquefois en ont fait condamner à mort, & souvent ils les employoient à leur service, lorsqu'ils en avoient besoin. Mais ce qui les fit regarder comme des gens de conséquence dans les affaires d'Italie, ce fut de ce que le roi Théodoric alla demeurer à Ravenne ; car Rome étant sans souverain, les Romains avoient plus le moyen de recourir aux papes, & de s'accoutumer à se soumettre à eux ; ce qui pourtant n'augmenta pas beaucoup leur pouvoir ; & tout ce que put faire l'église romaine, fut d'avoir le pas devant celle de Ravenne. Mais la venue des Lombards ayant divisé l'Italie, cela donna lieu aux papes de se réveiller (1) ; parce qu'étant presque maîtres à Rome , l'empereur & les Lombards avoient également des égards pour eux ; c'est ce qui fut cause que les Romains traiterent avec ces princes, non comme sujets, mais presque comme égaux. Ainsi , les papes s'unissant tantôt avec les Lombards , & tantôt avec les Grecs, trouverent le moyen de s'élever bien haut.

Mais la ruine de l'Empire d'Orient survint dans ce tems-là, sous l'empereur Hercule , tant par les Esclavons , qui revinrent encore en Illyrie, la conquirent & lui donnerent leur nom, que par les Perses ; ensuite par les Sarrasins , qui sortirent d'Arabie sous Mahomet ; & enfin, par les Turcs, qui conquirent la Syrie , l'Afrique & l'Egypte ; ainsi il ne restoit plus de refuge de ce côté-là, de sorte que les Lombards devenant plus puissans, les papes furent contraints de chercher de nouveaux secours auprès des rois de France. Ainsi toutes les guerres qui se sont faites depuis ce tems-là par les barbares en Italie, ont presque toutes été suscitées par les papes ; car, tous les barbares qui l'inonderent,

---

(1) Il y a dans l'original, *de se rendre plus vifs.*

y furent presque toujours appellés par eux. Cette même conduite dure encore aujourd'hui , & c'est ce qui tient l'Italie dans de si grandes divisions & dans un état si malade. En faisant donc l'histoire de ce qui est arrivé depuis ces tems-là jusqu'aux nôtres , on ne parlera plus de la ruine de l'Empire , qui est entierement à bas , mais de l'accroissement des papes & des autres princes qui ont regné jusqu'à la venue de Charles VIII en Italie ; & l'on verra comment les papes , d'abord avec les censures , puis avec les censures & les armes jointes ensemble , accompagnées aussi quelquefois d'indulgences , se sont rendus redoutables & se sont attiré le respect. Enfin on verra comment ayant abusé de ces deux moyens , ils en ont perdu l'un entierement ; & l'autre dépend de la discrétion d'autrui.

Mais pour revenir à mon sujet , je dis , que Grégoire III étant parvenu au pontificat , & Aistolfe au trône de Lombardie , ce dernier , contre la foi des traités , prit Ravenne , & fit la guerre au pape. Celui-ci ne pouvant plus recourir à l'empereur d'Orient , pour les raisons que nous avons dites , & ne voulant plus se fier à la parole des Lombards , qui la lui avoient faussée tant de fois , il eut recours à Pepin II,

qui de duc d'Austrasie & de Brabant, étoit
devenu roi de France, non pas tant par sa
valeur, que par celle de Charles Martel son
pere, & celle de Pepin son ayeul ; car Charles
Martel étant régent du royaume, fit cette pro-
digieuse défaite des Sarrasins sur la riviere de
Loire, auprès de Tours, où il demeura plus de
deux cents mille sur la place ; & c'est ce qui
porta les François à donner la couronne à Pepin
son fils, à cause de la gloire & de la valeur
de son illustre pere. Ce fut donc à ce roi que
Grégoire demanda du secours contre les Lombards, & Pepin lui en promit, en lui marquant,
*qu'il souhaitoit auparavant de le voir & lui
rendre ses devoirs en personne.* Ainsi Grégoire
résolut d'aller en France, & il passa sur les
terres des Lombards ses ennemis, sans qu'ils se
missent en devoir de l'en empecher, tant étoit
grande la vénération qu'on avoit alors pour la
religion. Lorsque le pape fut arrivé en France,
le roi le reçut avec bien du respect, & le renvoya en Italie avec ses armées, qui assiégerent
les Lombards dans Pavie. Ainsi, Aistolfe étant
réduit à l'extrémité, traita avec les François,
qui voulurent bien lui donner la paix, aux
prieres du pape, qui ne demandoit point la
mort de son ennemi, mais qu'il s'amendât, &

qu'il vécût. Dans ce traité , Aistolfe s'engagea
de rendre à l'église toutes les places qu'il avoit
conquises sur elle. Mais si-tôt que les François
eurent le dos tourné , Aistolfe ne voulut plus
entendre parler de restitution ; ce qui obligea le
pape de recourir à Pepin , & Pepin de faire
recourir ses armées en Italie , qui battirent les
Lombards , prirent Ravenne , & malgré l'empereur d'Orient , on la donna au pape , avec
toutes les autres Places de l'Exarchat , en y
joignant encore la duché d'Urbin & le pays de
la Marche.

Pendant qu'Aistolfe rendoit toutes ces places ,
il mourut , & Didier duc de Toscane , arma
pour se rendre maître du royaume , & demanda
du secours au pape , en lui promettant son
amitié. Ce dernier lui en donna assez, pour que les
concurrens lui cédassent. D'abord le roi Didier
garda sa parole , & continua de remettre au pape
les places que le roi de France avoit commandé
de rendre ; de sorte qu'il ne vint plus d'Exarque
à Ravenne ; mais elle fut gouvernée par le bon
plaisir de l'évêque de Rome.

Ensuite , Pepin mourut , & laissa pour héritier
du royaume son fils Charles , qui fut depuis
appellé Charlemagne , pour les grandes choses
qu'il a faites en sa vie. Grégoire , à son tour ,

eut pour successeur Théodore I, qui ayant eu différent avec Didier, fut assiégé dans Rome même par ce prince. Ainsi, le pape ayant recours à Charlemagne, celui-ci passa les Alpes, assiégea Didier dans Pavie, le prit lui & ses enfans, & les envoya prisonniers en France; ensuite, il alla rendre visite au pape à Rome, & prononça, *que le Pontif étant vicaire de Dieu, il ne pouvoit être jugé par les hommes.* Ce fut alors que ce pape & le peuple romain firent ce roi empereur; de sorte que Rome recommença d'avoir un empereur en Occident; & au lieu que les papes étoient avant cela confirmés par les empereurs, eux-mêmes vinrent à avoir besoin des papes dans leur élection; ainsi, l'Empire perdoit sa grandeur, mais l'église en profitoit, & par ces moyens son autorité empiétoit toujous sur les princes séculiers.

Les Lombards avoient déjà été deux cents vingt-deux ans en Italie, & n'avoient plus rien d'étranger que le nom; ce qui fut cause que Charlemagne voulant rétablir l'Italie sous le pontificat de Léon III, il consentit que ces peuples habitassent les lieux de leur naissance, & que cette partie de l'Italie s'appellât Lombardie de leur nom, & afin qu'ils eussent du respect pour le nom romain, il voulut qu'on appellât Romagne le pays qui leur joignoit, & qui étoit celui qui composoit l'Exarchat de Ravenne. De plus, cet empereur fit son fils Pepin roi d'Italie, & sa jurisdiction s'étendoit jusqu'à Benevent, laissant la libre possession du reste à l'empereur d'Orient avec qui Charlemagne avoit traité.

Dans ce tems-là, Paschal I fut élu pape, & ce fut alors que les curés des paroisses de Rome commencerent à se faire appeler cardinaux, tant parce qu'ils étoient plus près du pape, & se trouvoient à son élection, que parce qu'ils étoient bien aises d'augmenter leur autorité d'un titre si éclatant. En effet, ils s'attribuerent une si grande puissance que, depuis sur-tout qu'ils eurent exclus le peuple romain des élections, rarement la tiare échéoit-elle à d'autres, qu'à quelqu'un d'entr'eux. Ainsi, Paschal étant mort, ils firent pape Eugene II du titre de Sainte Sabine.

Mais depuis que l'Italie fut sous la puissance des François, elle changea en partie de forme & de gouvernement, parce que par leur moyen le pape avoit pris plus d'autorité sur le temporel, & parce qu'ils introduisirent des comtes &

des marquis comme Longin , Exarque de Ravenne
avoit établi des ducs. Après donc la succession
de quelques pontifes, Osporc , Romain , parvint
au papat, & parce que son nom étoit vilain , il
se fit appeler Sergius : ce qui introduisit l'usage ,
qu'ont à présent les papes , de changer de nom
quand ils sont élus.

Pendant tout cela Charlemagne mourut , &
laissa pour successeur Louis son fils , dont les
enfans après sa mort eurent tant de différens les
uns avec les autres que, dès la troisieme race,
l'empire sortit d'entre les mains des François ,
& passa en Allemagne, & le premier empereur
de cette nation-là étoit appelé Ainolfe. Or, la
maison de Charlemagne ne perdit pas seulement
l'empire à cause de ses dissensions, mais elle
perdit encore le royaume d'Italie par les mêmes
raisons , ce qui fit reprendre vigueur aux Lombards , & leur fit insulter les Romains & le pape
qui, ne voyant plus à qui il pourroit avoir recours , fut contraint de créer roi d'Italie Bérenger , auparavant duc de Frioul. Tous ces changemens donnerent courage aux Huns , qui étoient
en Pannonie, de venir donner sur l'Italie ; mais
étant venus aux mains avec Bérenger , ils furent
contraints de retourner dans leur pays , qu'on

appeloit Hongrie de leur nom. Romanus (1)
régnoit alors en Grèce, ayant usurpé l'empire
sur Constantin VII, qui l'avoit fait général de ses
armées. Or, parce que la Pouille & la Calabre,
qui étoient sous cet empire, comme nous avons
dit, s'étoient révoltées dans ces changemens-là,
l'empereur fut tellement piqué contre eux que
de dépit il permit aux Sarrasins de passer en
ces provinces & de s'en emparer ; ce qu'ayant
exécuté, ils tâcherent de prendre Rome. Mais
les Romains voyant Bérenger occupé contre les Hongrois, prirent pour général Alberic
duc de Toscane, par la valeur duquel ils empêcherent que les Sarrasins ne s'emparassent de
leur ville, de devant laquelle ayant levé le siége,
ils firent faire une forteresse sur le mont Gar-
gan (2) ; par le moyen de laquelle ils comman-
doient la Pouille & la Calabre, & faisoient des
courses dans le reste de l'Italie, qui par conséquent étoit dans ce tems-là dans de grandes

---

(1) Ce Romanus étoit un Arménien, surnommé Lé-
capene, né dans la lie du peuple.

(2) C'est une montagne de la Pouille, appellée aujourd'hui Mont-St.-Ange.

souffrances,

souffrances, étant battue vers les Alpes par les Hongrois, & du côté de Naples par les Sarrasins. Elle fut ainsi maltraitée pendant plusieurs années sous les trois regnes consécutifs des trois Bérangers.

Dans ce tems, le pape & l'église furent dans de grands troubles n'ayant plus de refuge à cause de la division des princes d'Occident & de la foiblesse de ceux d'Orient. La ville de Gênes alors & toutes ses côtes furent battues par les Sarrasins, & c'est delà que vint la grandeur de Pise dans laquelle plusieurs peuples chassés se réfugierent. Tout cela arriva vers l'an de notre Seigneur 931. Mais Otton, fils de Henri & de Matilde, duc de Saxe, prince prudent, & de grande réputation ayant été élu empereur, le pape Agabite le supplia de venir en Italie le délivrer de la tyrannie des Bérengers. Voici comme l'Italie étoit gouvernée alors : Bérenger III & son fils Albert régnoient en Lombardie ; la Toscane & la Romagne étoient régies par un ministre de l'empereur d'Occident ; la Pouille & la Calabre étoient soumises en partie aux Sarrasins & en partie à l'empereur d'Orient ; à Rome on créoit tous les ans deux consuls du corps de la noblesse, qui gouvernoient la ville selon ses anciennes loix ; on y joignoit un préfect (1) , qui rendoit la justice au peuple. Il y avoit outre cela le conseil des douze , qui envoyoit tous les ans des recteurs (2) dans les lieux qui dépendoient des Romains. Le pape avoit à Rome plus ou moins de pouvoir , selon qu'il étoit plus ou moins protégé par les empereurs ou par ceux qui avoient de l'autorité en Italie.

L'empereur Otton y vint donc & déposséda les Bérengers , qui avoient régné cinquante-cinq ans , & rétablit le pape dans sa premiere dignité. Ce prince eut pour successeurs à l'empire un fils & un petit-fils l'un après l'autre qui porterent aussi le nom d'Otton. Or, sous l'empire d'Otton III , les Romains chasserent de Rome la pape Grégoire V ; mais l'empereur étant venu en Italie le rétablit ; & le pape , pour se venger des Romains , leur ôta le privilege d'élire les empereurs , & le donna à six princes Allemands , trois ecclésiastiques & trois séculiers qui étoient les archevêques de Mayence , de Tréves & de

---

(1) C'est-à-dire un *Chef de Justice* ou *Baillif.*

(2) Ce mot est *Général* en Italien, et s'attribue à tous ceux qui ont le maniment de la justice, de la police, des armes et des finances.

Cologne, & les princes de Brandebourg, du Palatinat & de Saxe : ce qui fut fait en l'an mille deux. Après la mort d'Otton III, les électeurs choisirent pour empereur Henri duc de Baviere qui, douze ans après, fut couronné par Étienne VIII. Henri & l'impératrice Simeonde étoient d'une très-sainte vie, ce qui se voit par plusieurs églises qu'ils ont bâties & enrichies : du nombre de celle-là fut l'église de Saint Miniat, auprès de Florence. Henri mourut l'an mille vingt & quatre, & eut pour successeur Conrad de Suabe, à qui succéda ensuite Henri II. Ce dernier vint à Rome, & parce que l'église étoit en schisme, à cause qu'il y avoit trois papes, l'empereur les cassa tous trois, & fit élire Clément II, dont il fut couronné empereur.

L'Italie étoit alors gouvernée en partie par les peuples, en partie par les princes, & en partie par les ministres de l'empereur, dont le chef, qui avoit inspection sur les autres, étoit appelé chancelier. Entre les princes le plus puissant étoit Godefroi & la comtesse Matilde sa femme, fille de Beatrix, qui étoit sœur de Henri II. Ils possédoient tous deux Luques, Parmes, Reggio, & Mantoue avec tout ce qu'on appelle aujourd'hui le patrimoine de Saint Pierre. Les papes étoient alors fort resserrés par l'ambition du peuple Romain, quoiqu'autrefois ils se fussent servis de lui pour se soustraire à l'obéissance des empereurs. Depuis donc que ce peuple se fut emparé du gouvernement de la ville, & qu'il eut fait les réformations qu'il jugea à propos de faire, il devint tout d'un coup ennemi des papes, qui reçurent de lui plus de mauvais traitemens que d'aucun autre prince chrétien. Et pendant que les papes faisoient trembler tout l'Occident par la terreur de leurs foudres, ils avoient dans Rome même un peuple rebelle à leur autorité, ne tâchant les uns & les autres qu'à s'entre-détruire, & de réputation & de puissance.

Nicolas II étant donc parvenu au pontificat, il ôta au peuple Romain le privilége de concourir à la création des papes qu'il donna entierement aux cardinaux imitant en cela Grégoire V, qui avoit aussi dépouillé ce peuple du privilége d'élire l'empereur. Et non content de cela, s'étant accordé avec les princes qui dominoient dans la Pouille & dans la Calabre, par les intrigues que nous dirons tantôt, il contraignit tous les officiers, que les Romains envoyoient dans leur jurisdiction, de rendre obéissance au Saint Siége, & même il en déposséda quelques-uns des leurs charges. Après la mort de Nicolas, il y eut schisme dans l'église , parce que le clergé de Lombardie ne voulut pas se soumettre à Alexandre II, créé à Rome , élisant pour anti-pape Cadole de Parme. Henri , qui n'aimoit pas le grand pouvoir des papes, fit signifier à Alexandre de renoncer au pontificat , & aux cardinaux d'aller en Allemagne faire un autre pape. Ce fut donc lui qui , le premier de tous les princes , sentit les foudres du vatican ; car le pape fit un nouveau concile à Rome , dans lequel il dépouilla l'empereur & de l'empire & du royaume , & les peuples d'Italie se partageant, quelques-uns suivirent le parti de l'empereur , & quelques autres celui du pape. Ce fut-là l'origine des Guelfes & des Gibelins , afin que l'Italie, n'étant plus inondée par les barbares , fût déchirée par les guerres civiles. Henri donc étant excommunié fut obligé par ses peuples à venir en Italie, & à demander pardon au pape à genoux & nuds pieds , ce qui arriva en l'an mille quatre-vingt.

Cela n'empêcha pas que peu de tems après il ne survint de nouveaux différens entre l'empereur & le pape : de sorte qu'il l'excommunia encore ; & l'empereur envoya son fils aussi nommé Henri avec une armée à Rome , qui assiégea le pape dans la forteresse à l'aide du peuple qui -

le haïssoit. Le pontife de son côté fit venir Robert Guichard de la Pouille à son secours; mais
Henri ne l'attendit pas, s'en retournant en Allemagne tout seul. Les Romains continuant dans
leur opiniâtreté, Robert saccagea leur ville, &
la réduisit dans l'ancienne désolation, dont plusieurs papes l'avoient rétablie.

Mais parce que le royaume de Naples a été
établi par ce Robert ici, il ne sera pas hors de
propos de parler un peu de ses actions & de
la nation dont il étoit. Après que les héritiers
de Charlemagne se furent désunis entr'eux,
comme nous l'avons dit ci-dessus, cela donna
lieu à de nouveaux peuples du septentrion,
appelés Normands, de venir attaquer la France,
& de s'emparer de cette province, qu'on appelle aujourd'hui Normandie (1) de leur nom.
Une partie de ces peuples-là vint en Italie, au
tems qu'elle étoit accablée par les Sarrasins &
les Hongrois, & ils s'emparerent de quelques
places dans la Romagne où ils surent se maintenir avec beaucoup de valeur pendant toutes
ces guerres. Tancrede, un de ces princes Normands, eut beaucoup d'enfans, entre lesquels

---

(1) Elle s'appelloit, avant cela, Neustrie.

il y en eut un nommé Guillaume, surnommé le
Fierabras, & Robert, surnommé le Guichard.
L'État étoit tombé entre les mains de Guillaume,
& les troubles d'Italie étoient diminués. Néanmoins les Sarrasins tenoient la Sicile, & faisoient tous les jours des courses sur les côtes
d'Italie. C'est pourquoi Guillaume convint avec
les princes de Capoue & de Salerne, & avec
Melore, qui gouvernoit la Pouille au nom de
l'empereur d'Orient, d'attaquer la Sicile aux
conditions de partager en quart les conquêtes
qu'ils tenoient. Le dessein réussit, & Melore,
ayant fait venir secrettement des troupes de
Grèce, prit possession de l'île au nom de l'empereur son maître, partageant seulement le butin
avec les confédérés. Cela fâcha Guillaume, mais
il attendit une autre conjoncture plus favorable
pour marquer son ressentiment, & partit de
Sicile avec les princes de Capoue & de Salerne, desquels aussitôt qu'il eût pris congé pour
les laisser retourner chez eux, il ne retourna
point dans la Romagne, mais il se jetta avec
ses gens sur la Pouille, & prit Melfes d'amblée :
puis sans perdre de tems, il conquit presque
tout le reste de la Pouille & de la Calabre,
nonobstant les forces de l'empereur, & son frere
Robert le Guichard régnoit dans ces provinces.

là du tems de Nicolas II. Mais parce qu'il avoit
eu bien des différens avec ses neveux pour la
succession de ces États, il employa l'autorité
du pape pour les accorder : ce que le pape fit
volontiers, afin de gagner Robert, & de s'en
prévaloir contre les empereurs d'Allemagne, &
contre les insolences du peuple Romain ainsi
que cela arriva, comme nous l'avons dit ci-
dessus ; car à l'instance de Grégoire VII, il obligea Henri de lever le siége de Rome, & en mit
le peuple à la raison. A Robert succéderent
Roger & Guillaume ses enfans, qui accrurent
leur Etat de la ville de Naples, & de toutes les
autres qui sont delà jusqu'à Rome avec la Sicile que Roger conquit. Mais Guillaume allant
ensuite à Constantinople pour épouser la fille
de l'empereur, il fut attaqué par Roger, & dépouillé de ses États. Roger s'étant énorgeuilli
par ces conquétes, il se fit d'abord appeler roi
d'Italie, puis se contentant du titre de roi de
la Pouille & de la Sicile, il fut le premier qui
lui donna le nom & le gouvernement du royaume,
qui se conserve encore aujourd'hui sur le même
pied, quoique souvent il ait changé de maîtres,
différens de maison & même de nation. Car la
maison des princes Normands étant éteinte, ce
royaume passa aux Allemands, delà aux Fran-

çais, ensuite au roi d'Arragon, & aujourd'hui il est au pouvoir d'un prince Flamand.

Urbain II vint au pontificat, & comme il étoit haï du peuple, il ne se crut pas en sureté, même en Italie, où tout étoit en combustion : c'est ce qui lui fit former cette grande résolution de passer en France avec tout son clergé, où il fit une grande assemblée de différens peuples à Anvers, auxquels il fit une harangue contre les infideles, & les anima tellement qu'ils résolurent de passer en Asie contre les Sarrasins. Ces sortes d'expéditions furent appelées des croisades, parce que tous ceux qui y alloient portoient sur leurs habits & sur leurs armes une croix rouge. Les chefs de celle-ci furent Godefroi, Eustache, & Aldoin de Bouillon, comtes de Boulogne, & un Pierre l'Hermite, fameux par sa prudence & par sa sainteté, & plusieurs rois & États contribuerent pour cette guerre, où un grand nombre de particuliers alla à ses dépens, tant la religion avoit alors de pouvoir sur l'esprit des hommes qui étoient encouragés à cette guerre par ceux qui en étoient les chefs.

Cette entreprise fut d'abord glorieuse, car les chrétiens conquirent toute l'Asie mineure, la Syrie & l'Egypte, & ce fut d'elle que vint l'ordre des chevaliers de Saint-Jean-de-Jérusalem qui subsistent encore, & sont maîtres de l'île de Rhode (1), qui est le seul boulevard contre la puissance du Turc. Il vint encore delà l'ordre des Templiers ; mais la mauvaise vie de ces chevaliers a fait détruire leur ordre peu de tems après. Il survint ensuite plusieurs accidens en différentes occasions. Les rois de France & d'Angleterre passerent aussi au secours de la croisade, & les républiques de Pise, de Venise & de Gênes y acquirent beaucoup de réputation, & combattirent avec des succès différens jusqu'au tems de Saladin, roi des Sarrasins, dont la valeur, jointe à la désunion des chrétiens, leur fit perdre toute la gloire qu'ils avoient acquise au commencement ; & , après quatre-vingt-dix ans, ils furent chassés du pays qu'ils avoient conquis avec tant d'honneur & de fortune.

Après la mort d'Urbain, Pascal II fut créé pape, & Henri IV empereur, qui, feignant

---

(1) Ils l'ont perdue sous l'empereur Soliman II, et Charles - Quint leur donna l'Isle de Malte, pendant que M. de l'Isle-Adam, oncle du connétable Anne de Montmorenci, en étoit grand-maître.

d'être bon ami de ce pape, vint à Rome, &
l'emprisonna avec tout son clergé; & il ne voulut jamais le remettre en liberté qu'il ne lui eût
donné le pouvoir de disposer de tous les bénéfices d'Allemagne comme il lui plairoit. En ce
tems-là, la comtesse Matilde mourut, & donna
tous ses États à l'église. Après la mort de
Pascal II & d'Henri IV, il y eut une succession
de plusieurs papes & de plusieurs empereurs,
jusqu'à ce qu'Alexandre III parvint au pontificat, & Frédéric de Suabe, surnommé Barberousse, fût élu empereur. Les papes avoient eu
plusieurs démélés avec les empereurs & le peuple Romain; mais ils augmenterent bien au tems
de Barberousse. C'étoit un grand prince pour
la guerre, mais si superbe qu'il ne pouvoit se
résoudre à être obligé de le céder au pape.
Néanmoins après son élection il vint à Rome
pour se faire couronner, & s'en retourna paisiblement en Allemagne. Mais il demeura peu
dans cette disposition, car étant passé en Italie
pour mettre à la raison quelques places en Lombardie, qui ne lui rendoient pas l'obéissance
due, il se rencontra que le cardinal de Saint-
Clément, Romain de nation, se brouilla avec
Alexandre III, & se fit faire lui-même pape par
quelques cardinaux.

Frédéric assiégeoit alors Crême, & Alexandre lui faisant des plaintes de l'anti-pape, l'empereur répondit, *qu'ils vinssent l'un & l'autre le trouver, & qu'alors il jugeroit lequel des deux étoit le véritable pape.* Cette réponse déplut à Alexandre, & comme il voyoit que Frédéric avoit du penchant à favoriser l'anti-pape, il l'excommunia, & se retira en France auprès du roi Philippe. Frédéric cependant, continuant la guerre en Lombardie, prit & désola Milan, ce qui fut cause que Vérone, Padoue & Vicence, se liguerent contre lui pour leur défense commune.

Pendant ce tems-là l'anti-pape mourut, & Frédéric créa en sa place Gui de Crémone. Les Romains cependant, profitant de l'éloignement du pape & des affaires qu'avoit l'empereur, avoient repris un peu d'autorité à Rome, & alloient se soumettant les places dont ils avoient été autrefois les maîtres ; & parce que les Tusculans (1) ne voulurent pas reconnoître leur pouvoir, ils allerent contr'eux en foule ; mais étant secourus par Barberousse, ils défirent l'ar-

------

(1) L'ancien *Tusculum* s'appelle aujourd'hui *Frescati*, où est cette belle vigne Aldrobrandine et d'autres lieux de plaisance des Romains d'aujourd'hui.

mée Romaine avec une perte si grande, que depuis ce tems-là Rome n'a jamais été riche ni peuplée. Sur ces entrefaites, Alexandre III étoit retourné à Rome, croyant y pouvoir vivre en sureté, à cause du ressentiment que le peuple avoit contre Frédéric, & aussi parce que ce prince s'étoit fait beaucoup d'ennemis en Lombardie. Mais l'empereur sans avoir aucun de ces égards, alla droit assiéger Rome, où le pape ne l'attendoit pas, s'étant réfugié auprès de Guillaume, devenu roi de la Pouille depuis la mort de Roger; mais l'empereur étant chassé par la contagion, s'en retourna en Allemagne. Pendant cela, les peuples de Lombardie, qui étoient ligués contre lui, ayant résolu de battre Pavie & Tortone qui tenoient pour l'empereur, bâtirent une ville pour servir de place d'armes, & la nommèrent Alexandrie, en l'honneur du pape & à la honte de Frédéric. Gui l'anti-pape mourut encore, & Jean de Ferme fut élu en sa place, lequel par la faveur des partisans de l'empereur, demeuroit à Montefiascone.

Mais Alexandre étant appelé par les Tusculans, pour les protéger contre les Romains, il alla y demeurer, & là il reçut des ambassadeurs de la part de Henri roi d'Angleterre, pour l'assurer que le roi n'avoit aucune part à la mort de St.

Thomas, évéque de Cantorbéry, comme les calomniateurs l'avoient voulu faire croire. Le Pape donc envoya en Angleterre deux cardinaux pour éclaircir la vérité du fait, lesquels ne trouvant point de preuves manifestes que le roi fût coupable, néanmoins à cause qu'il en avoit été accusé, & que d'ailleurs il n'avoit pas honoré le Saint comme il le méritoit, ils lui donnerent pour pénitence, *de se purger par serment de ce crime en présence de tous les barons du royaume, & de plus, d'envoyer deux cents hommes entretenus pour un an, à Jérusalem;* s'obligeant, outre cela *d'y aller en personne, avec la plus grosse armée qu'il pourroit, avant que trois ans fussent accomplis.* Ces mêmes cardinaux condamnerent encore le roi à *casser tout ce qui s'étoit fait dans son royaume au préjudice des libertés ecclésiastiques, & de consentir que tous ses sujets pussent avoir recours à Rome par voie d'appel.* Tout cela fut accepté par un roi si puissant, qui se soumit à un jugement auquel un particulier ne voudroit pas acquiescer aujourd'hui. En même-tems que le pape avoit tant d'autorité chez les grands princes éloignés, il ne pouvoit pas se faire obéir par les Romains, dont il ne put jamais obtenir la liberté de demeurer à Rome, encore qu'il promit de ne se méler d'autre chose que de ce qui regardoit les affaires ecclésiastiques ; tant il est vrai que ce qui n'a que de l'éclat est bien plus terrible de loin que de près.

Frédéric dans ce tems-là étoit retourné en Italie, & comme il se disposoit à faire encore la guerre au pape, tous ses barons & ses prélats lui déclarerent qu'ils l'abandonneroient, s'il ne se reconcilioit pas avec l'église. Il fut donc contraint d'aller à Venise *adorer le pape*, & faire sa paix avec lui, & par le moyen de cette paix, le Saint-Pere dépouilla l'empereur de toute l'autorité qu'il avoit à Rome, & nomma Guillaume, roi de Sicile & de la Pouille, pour son allié. Mais Frédéric ne pouvant pas vivre sans faire la guerre, passa en Asie contre Mahomet, pour satisfaire son ambition, n'ayant pu y réussir contre les vicaires de JÉSUS-CHRIST. Et comme il fut venu sur les bords du fleuve Cidnus, la beauté de l'eau lui fit venir l'envie de s'y baigner, ce qui le fit mourir. Ainsi l'eau fit plus de bien aux Turs, que les excommunications n'en firent aux chrétiens, car si ces dernieres briderent l'ambition de Frédéric, l'autre l'éteignit.

L'empereur étant mort, le pape n'avoit plus qu'à vaincre l'opiniâtreté des Romains, & après plusieurs contestations sur l'élection des consuls, on convint de part & d'autre qu'on les éliroit à

la maniere accoutumée, mais qu'ils n'entreroient
point en charge qu'ils n'eussent prêté serment
d'être fideles à l'église. Cet accord obligea Jean
l'anti-pape de se retirer à Montalbano, où il
mourut peu de tems après. Dans ce tems-là,
Guillaume, roi de Naples mourut, & le pape
forma le dessein de s'emparer de ce royaume,
parce que Guillaume n'avoit point laissé d'enfant
que Tancrede fils naturel; mais les barons n'ac-
quiescerent point aux volontés du pape, établissant Tancrede sur le trône.

Célestin III étoit alors souverain pontife, &
ayant dessein de se tirer Naples des mains de Tancrede, il fit ensorte de faire élire pour empereur
Henri, fils de Frédéric, en lui faisant promettre
de l'établir dans ce royaume, & de rendre à l'é-
glise les places qui lui appartenoient; & pour
faciliter la chose, il tira du couvent la princesse
Constance, fille déjà âgée du feu Guillaume,
& la donna en mariage à Henri. Ce fut par-là
que le royaume de Naples passa aux Allemands,
après avoir été fondé & gouverné par les Normands. L'empereur Henri, aussi-tôt qu'il eut
mis ordre aux affaires d'Allemagne, vint en Italie
avec Constance sa femme & un fils de quatre
ans nommé Frédéric, & il conquit sans peine

cet

cet État, parce que Tancrede étant mort, n'avoit laissé qu'un petit enfant nommé Roger.

Quelque tems après, Henri mourut en Sicile, & il eut pour successeur à son royaume son fils Frédéric, & à l'empire Otton duc de Saxe, qui fut élu par la faveur du pape Innocent III; mais si-tôt qu'il fut couronné, il s'en déclara ennemi contre l'attente de tout le monde. Ce Prince s'empara de la Romagne, & se préparoit à conquérir le royaume de Naples, ce qui fit que le pape l'excommunia; de sorte qu'étant abandonné de tous, les électeurs donnerent la couronne impériale à Frédéric, roi de Naples. Il vint donc à Rome pour se faire couronner, mais le pape n'en voulut rien faire, parce qu'il redoutoit sa puissance, & cherchoit les moyens de le chasser d'Italie, comme il en avoit chassé Otton; ce qui ayant fâché Frédéric, il passa en Allemagne, où ayant long-tems fait la guerre à Otton, il le vainquit.

Dans ce tems-là Innocent III mourut, qui, entre plusieurs bonnes choses qu'il a faites, a bâti l'hôpital du Saint-Esprit à Rome. Il eut pour successeur Honoré III, pendant le pontificat duquel s'éleverent les ordres de Saint-Dominique & de Saint-François, dans l'année mille deux cents dix-huit. Ce pape-ici couronna Frédéric, & Jean qui étoit un descendant de Baudoin, roi de Jérusalem, dont il conservoit toujours le titre avec les restes des chrétiens qui étoient encore en Asie, lui donna sa fille en mariage, & pour dot les titres de ce royaume-là. C'est de-là que les rois de Naples se disent rois de Jérusalem.

Voici la maniere dont l'Italie se gouvernoit alors. Les Romains ne faisoient plus de consuls, mais en leur place, ils faisoient tantôt un, tantôt plusieurs sénateurs à qui ils donnoient la même autorité. La ligue que les villes de Lombardie avoient faite contre Barberousse, subsistoit encore; & les villes qui y étoient entrées, étoient Milan, Bresse, Mantoue avec la plus grande partie de celles de la Romagne, & outre cela, Padoue, Vicence, Vérone & Trévise; Crémone, Bergame, Parme & Térente tenoient le parti de l'empereur. Les autres villes & châteaux de Lombardie, de la Romagne, & de la Marche Trévisane, prenoient tantôt un parti, & tantôt l'autre, selon la nécessité. Du tems d'Otton III il étoit venu en Italie un nommé Ezelin, qui y étant resté, eut un fils nommé aussi Ezelin. Cet homme-ici, étant riche & puissant, s'attacha à l'empereur Frédéric II, qui comme nous l'avons dit, étoit devenu ennemi du pape. Ce prince donc étant venu en Italie, par le secours que lui donna Ezelin, il prit Vérone & Mantoue, & détruisit Vicence ; il prit ensuite Padoue, défit l'armée de la ligue, & s'en vint vers la Toscane. Cependant Ezelin avoit soumis toute la Marche Trévisane. Mais il ne put prendre Ferrare, qui étoit défendue par Azon d'Esté, & par les troupes que le pape tenoit en Lombardie. Le siege étant donc levé, le pape donna la ville en fief (1) audit Azon d'Esté, dont sont descendus les ducs de Ferrare d'aujourd'hui. Frédéric s'arrêta à Pise, ayant formé le dessein de se rendre maître de la Toscane ; & pendant qu'il tâchoit de reconnoître ses amis & ses ennemis dans cette province, il y sema tant de discorde, que cela fut cause de la ruine de l'Italie, parce que les partis des Guelfes & des Gibelins augmentoient tous les jours, les Guelfes étant les partisans du pape, & les Gibelins ceux de l'empereur. Ce fut dans Pistoie qu'on entendit prononcer la premiere fois ces noms-là.

----

(1) Ce fief est retourné au Pape, du tems de Henri IV, roi de France, qui le fit rendre à l'Eglise, à cause que le duc de Ferrare d'alors n'étoit pas légitime ; ce qui le réduisit à être duc de Modene.

Frédéric étant parti de Pise, se jeta sur plusieurs places du domaine de l'église, & les saccagea ; de sorte que le pape n'ayant pas d'autres
remedes en main, publia contre lui la croisade,
comme ses prédécesseurs l'avoient publiée contre
les Sarrasins. Frédéric d'autre côté, pour n'être
pas exposé à demeurer seul par l'abandon de ses
gens, comme il étoit arrivé à Barberousse & à
d'autres de ses ancêtres , enrôla beaucoup de
Sarrasins ; & afin de se les attacher, & d'avoir
par-là un boulevard assuré contre les foudres du
Vatican , il leur donna Nocéra au royaume de
Naples , afin qu'ayant une retraite à eux , ils
puissent le servir avec plus d'assurance.

Innocent IV fut fait pape alors ; mais comme
il craignoit l'empereur , il se retira à Gênes, &
de-là en France , où il assembla un concile à
Lion , auquel Frédéric avoit résolu d'assister ;
mais il fut arrêté par la rebellion de Parme, dont
n'étant pas venu à bout , il se retira en Toscane,
& de-là en Sicile , où il mourut , laissant en
Suabe un fils légitime nommé Currado, & en
Pouille un fils naturel, nommé Manfredi, qu'il
avoit fait duc de Benevent. Currado vint prendre
possession du royaume de Naples, où étant arrivé
il mourut, laissant pour fils un petit enfant nommé
Curradin, qui étoit en Allemagne. Manfredi ce-

pendant, s'empara d'abord de l'État comme cu-
rateur; ensuite donnant à entendre que Curradin étoit mort, il se fit roi lui-même, malgré le
pape & les Napolitains, qu'il fit acquiescer par
force.

Pendant que ces choses étoient sur ce pied à
Naples, il arriva plusieurs mouvemens en Lombardie entre les Guelfes & les Gibelins. Les Guelfes
avoient à leur tête un légat du pape, & les Gibelins étoient sous la conduite d'Ezelin, qui pos-
sédoit presque toute la Lombardie au-delà du Pô.
Et parce que pendant la guerre, Padoue se révolta
contre lui, il fit mourir douze mille habitans de
cette ville, & lui-même mourut aussi avant la fin
de cette guerre, n'ayant que trente ans. Après sa
mort, toutes les places qui lui avoient été soumises devinrent libres.

Manfredi continuoit dans ses hostilités contre
l'église, suivant en cela les traces de ses prédécesseurs; de sorte qu'il harceloit continuellement
le pape Urbain IV, qui pour le mettre à la raison
à son tour, publia contre lui la croisade, & alla
à Pérouse pour y attendre ses troupes. Mais
trouvant qu'elles venoient lentement, & en
petit nombre, il crut que pour réduire Manfredi
il falloit des moyens plus assurés que cela. Il
donna donc le royaume de Naples à Charles d'An-

jou, frere de Louis (1), roi de France, & l'engagea à en venir prendre possession. Mais devant que Charles vint à Rome, le pape mourut, qui eut pour successeur Clément IV. Ce fut donc sous son pontificat que Charles vint à Ostie svec trente galeres, & donna ordre que le reste de ses troupes vint par terre. Pendant son séjour à Rome, le peuple pour lui faire sa cour, le fit sénateur, & le pape l'investit du royaume, aux conditions de payer tous les ans à l'église cinquante mille florins (2), ayant fait un décret, qui portoit *que ni Charles, ni aucun autre, qui seroit roi de Naples, ne pourroit jamais être élu empereur.*

Charles étant donc parti pour combattre Manfredi, il le trouva auprès de Benevent, où il le défit, le tua, & s'empara des royaumes de Naples & de Sicile. Or Curradin, qui étoit l'héritier de ces États-là, selon le testament de son pere, ayant mis bien des troupes sur pied en Allemagne, vint en Italie contre Charles, auquel il livra bataille auprès de Tagliacozzo, mais les François battirent les Allemands, & comme Cur-

----

(1) C'étoit Louis IX, appellé St-Louis.

(2) Les florins de Florence valoient en ce tems-là environ 12 sols et demi de France.

radin s'enfuyoit, il fut pris & tué par des gens qui ne le reconnurent pas.

L'Italie demeura en repos jusqu'au tems du pape Adrien V ; mais comme Charles étoit à Rome, où il gouvernoit l'État en vertu de sa charge de sénateur, Adrien ne pouvoit le souffrir, de sorte qu'il se retira à Viterbe, d'où il sollicitoit l'empereur Rudolfe de venir en Italie faire la guerre à Charles. Ainsi les papes, tantôt par zèle pour la religion, tantôt par leur propre ambition, attiroient toujours les étrangers en Italie, y rallumoient continuellement la guerre, & après qu'ils avoient élevé un prince, ils s'en repentoient, & cherchoient ensuite à le perdre, ne pouvant souffrir entre les mains des autres les États qu'ils ne pouvoient pas conserver eux-mêmes. Et les princes les craignoient ; car quoique les papes combattissent, ou qu'ils cédassent, ils gagnoient toujours, à moins qu'on ne les surprit, comme le fut Boniface VIII (1), & quelques autres, qui furent pris par les empereurs, qui les trompoient par les apparences d'une belle amitié.

Rodolfe ne vint point en Italie, étant assez

____

(1) Ce fut celui que Philippe-le-Bel fit traiter si cruellement en 1303.

occupé à faire la guerre au roi de Bohême. Et pendant ce tems - là Adrien mourut, ayant eu pour successeur Nicolas III, de la maison des Ursins, homme ambitieux & hardi, qui cherchoit à abaisser, à quelque prix que ce fût, le roi Charles. Pour cet effet, il fit ensorte que Rodolfe se plaignit de ce que Charles tenoit un Gouverneur en Toscane pour le parti des Guelfes, qu'il y avoit rétablis depuis la mort de Manfredi. Charles céda à l'empereur, & retira ses ministres; de sorte que le pape y envoya pour gouverneur, de la part de l'empereur, un de ses neveux, qui étoit cardinal. L'empereur, en revanche de l'honneur qu'on lui faisoit, rendit à l'église la Romagne, que ses ancêtres lui avoient ôtée, & le papé en fit duc Bertaut Ursin. Ainsi, se trouvant assez fort pour tourner tête contre le roi Charles, il le priva de sa charge de sénateur, & ordonna qu'on ne put jamais en revêtir aucun prince de sang royal. Il avoit encore envie de le dépouiller de la Sicile; & pour cet effet, il trama sourdement avec Pierre, roi d'Arragon, ce qui s'exécuta sous le pape suivant. De plus il se proposoit de faire deux rois de sa maison, l'un en Lombardie, & l'autre en Toscane, afin que leur puissance défendît l'église contre les attaques des Allemands qui voudroient venir en Italie, & contre les

François, qui étoient déjà maîtres du royaume de Naples. Mais pendant qu'il rouloit toutes ces pensées dans sa tête, la mort le surprit, ayant été le premier des papes qui ait donné à connoître ouvertement son ambition particuliere, & qui sous prétexte d'enrichir l'église, ait eu la pensée d'élever & d'augmenter sa maison. Et comme par le passé on n'avoit point encore entendu parler des neveux ou des parens d'aucun pape, l'on verra à l'avenir que l'histoire en est remplie, en sorte que nous verrons même de leurs enfans. Ainsi, il ne manque plus aux papes que de rendre désormais le pontificat héréditaire dans leur maison, ayant assez travaillé jusqu'à présent à laisser leurs parens princes. Il est vrai que jusqu'ici les principautés qu'ils ont établies n'ont pas eu de durée, parce que les papes vivent d'ordinaire si peu, qu'ils n'ont pas le tems de les bien planter, ou s'ils le font, ils les laissent avec des racines si foibles, qu'elles se rompent à la premiere tempête, étant destituées de l'appui qui les soutenoit.

Nicolas III eut pour successeur Martin IV, qui étant François de naissance, favorisoit le roi Charles. Lui, de son côté, secourut le pape de ses troupes, qu'il envoya dans la Romagne qui s'étoit soulevée, & comme elles assiégeoient

Feurli, un astrologue.nommé Gui Bonetti, commanda que dans un point marqué par lui, tout
le peuple sortit sur les François ; de sorte qu'ils
furent tous tués, ou faits prisonniers.

Ce fut dans ce tems-là que s'exécuta en Sicile
la conjuration tramée par le pape Nicolas III &
Pierre roi d'Arragon, contre les François, qui
furent tous assassinés ; & Pierre s'empara de l'île,
qu'il disoit lui appartenir, parce qu'il avoit épousé
la fille du bâtard Manfredi. Et le roi Charles se
disposant à l'aller recouvrer, mourut, & laissa
Charles II son fils, qui fut fait prisonnier dans
cette guerre de Sicile ; & pour obtenir sa liberté,
il promit de persuader au pape d'investir la maison
d'Arragon du royaume de Sicile, dont s'il ne
venoit pas à bout, il s'engageoit de se remettre
prisonnier dans trois ans.

L'empereur Rodolfe, au lieu de venir en Italie
pour y rétablir l'autorité impériale, se contenta
d'y envoyer un ministre, chargé du pouvoir de
rendre la liberté à toutes les villes qui voudroient
se racheter ; ce que plusieurs ayant fait, elles
changerent leur maniere de vivre, après avoir
changé de condition.

Adolfe de Saxe, succéda à l'empire, & Pierre
de Saint-Moron, ci-devant hermite, fut élu pape

sous le nom de Célestin V (1), homme rempli de sainteté, & qui renonça au pontificat six mois après, ayant pour successeur Boniface VIII. Le ciel, qui savoit qu'il devoit venir un tems que les François & les Allemands laisseroient en repos l'Italie, & qu'elle seroit entierement gouvernée par les Italiens mêmes, le ciel, dis-je, éleva deux maisons très-puissantes à Rome, qui sont les Colonnes & les Ursins, afin d'empêcher les papes de s'affermir & de jouir de leur grand pouvoir, lorsqu'ils seroient délivrés des Ultramontains. Mais Boniface, qui prévoyoit cela, entreprit d'éteindre la maison des Colonnes, & non content de les avoir excommuniés, il publia encore la croisade contr'eux. Cependant, quoiqu'ils en reçussent quelque préjudice, cela fit encore plus de tort à l'église, parce que cette sorte d'armes qui lui avoient servi si utilement lorsqu'on les employa contre les chrétiens mêmes vinrent à perdre leur trenchant ; de sorte que les papes, à force de vouloir trop satisfaire leurs passions particulieres, se sont enfin dépouillés peu-à-peu eux-mêmes de ce qu'ils avoient de plus redoutable. Le même Boniface ôta encore le

____

(1) Ce fut lui qui institua l'ordre des Célestins.

chapeau à deux cardinaux de cette maison ; &
Sciarra Colonne, aîné de la famille , fuyant la
fureur du pape dans un équipage déguisé , fut
pris par les corsaires catalans qui le mirent à la
rame : mais ayant été reconnu à Marseille , il
fut remis entre les mains de Philippe , roi de
France , que le pape avoit excommunié , &
privé du royaume. De sorte que ce prince voyant
que par une guerre ouverte contre les papes , il
n'y avoit qu'à perdre & à courir mille risques ,
se tourna du côté de la ruse , & feignant de
vouloir rentrer en paix avec le pape , il envoya
sous main Sciarra en Italie , lequel étant arrivé
à Ananie où étoit le pape , & ayant assemblé
la nuit ses amis , il le fit prisonnier. Et quoiqu'ensuite il fut délivré par le peuple de la ville,
il conçut un si cruel déplaisir de cet affront ,
qu'il en mourut enragé. Au reste, Boniface fut
auteur des jubilés en l'année mille trois cents ,
& il ordonna qu'on les célébrât tous les cent ans.

Dans ces tems-là on souffrit beaucoup par les
factions des Guelfes & des Gibelins ; & l'Italie
ayant été abandonnée par les empereurs , plusieurs villes en devinrent libres , & d'autres tomberent sous la domination des tyrans. Le pape
Benoit rendit les chapeaux aux deux cardinaux

de la maison Colonne, & rebénit Philippe, roi
de France.

Benoit X eut pour successeur Clément V,
qui, étant Français, transporta en France le Siége
apostolique, en l'année mille trois cents six. Dans
ce tems mourut Charles II, roi de Naples, &
son fils Robert lui succéda. Henri de Luxembourg
parvint aussi à l'Empire. Il ne laissa pas de
venir pour se faire couronner à Rome, quoique
le pape n'y fût pas. Sa venue apporta assez de
troubles en Lombardie ; car tous les bannis des
villes y furent rétablis, soit qu'ils fussent Guelfes
ou Gibelins : d'où il arriva que, l'un chassant
l'autre, tout le pays fut rempli de confusion,
sans que l'empereur y put remédier, quelques
efforts qu'il fit. Etant donc parti de la Lombardie,
il vint à Pise par la route de Gênes, & là il
tâcha d'enlever la Toscane au roi Robert : mais
ne réussissant pas dans ce projet, il vint à
Rome, où il séjourna fort peu, parce que les
Ursins, aidés du roi Robert, l'en chassèrent
& le firent retourner à Pise, où pour faire une
guerre plus assurée à la Toscane & l'arracher
des mains de Robert, il la fit attaquer par
Frédéric, roi de Sicile. Mais comme il pensoit
à dépouiller Robert de ses États, il mourut,

& eut pour successeur à l'empire Louis de Baviere.

Cependant Jean XXII parvint au pontificat ; & pendant qu'il régna, l'empereur ne cessa point de persécuter les Guelfes & l'Eglise Romaine, qui n'étoit presque défendue, que par le roi Robert & les Florentins. De-là vinrent beaucoup de guerres en Lombardie par les Visconti contre les Guelfes ; & en Toscane par Castruccio contre les Florentins. Mais parce que la maison des Visconti a fondé la duché de Milan, qui fut une des cinq principautés qui ont depuis gouverné l'Italie, il me semble qu'il sera à propos d'en examiner l'état, en reprenant les choses de plus haut.

Au tems que plusieurs villes de la Lombardie firent ligue pour se défendre contre l'empereur Barberousse, Milan après s'être remise de. la désolation où ce prince l'avoit réduite, se ligua avec les autres villes, pour se venger du mal qu'on lui avoit fait ; & cette ligue refréna Barberousse, & soutint pendant un tems, le parti du pape dans la Lombardie : de sorte que, pendant les guerres qui survinrent alors, ceux de la famille, appellée De la Tour, devinrent très-puissans dans Milan, & leur réputation augmenta à mesure que les empereurs perdoient leur autorité dans cette province. Mais Frédéric II venant en Italie, & les Gibelins étant devenus puissans par l'aide d'Ezelin, il n'y eut point de villes qui ne se remplissent de Gibelins ; & les Visconti étant de ce parti dans Milan, ils vinrent à bout de chasser de la ville ceux de la maison de la Tour. Mais ils ne furent pas long-tems en exil, car ils furent rétablis par un traité fait entre le Pape & l'Empereur. Mais le pape étant allé en France avec sa cour, & Henri de Luxembourg venant en Italie, afin d'aller se faire couronner à Rome, il fut reçu à Milan par Maffée Visconti & par Gui de la Tour, tous deux chefs de leurs maisons. Mais Maffée se mit dans l'esprit de se prévaloir de la puissance de l'empereur pour chasser Gui, jugeant la chose aisée, parce qu'il le voyoit dans un parti contraire aux intéréts de ce prince ; & prenant occasion des plaintes du peuple sur les désordres que faisoient les Allemands, il alloit exhortant chacun à prendre les armes & à se délivrer de la tyrannie de ces barbares. Or, quand il crut avoir bien disposé toutes choses pour son dessein, il fit naître un tumulte par un de ses confidens, à l'occasion duquel tout le peuple prit les armes contre tout ce qu'il y avoit d'Allemands. Si-tôt que le désordre fut commencé, Maffée avec ses enfans & ses partisans prirent tous les armes & coururent vers l'Empereur, à qui ils firent entendre, que tous ces troubles étoient causés par les chefs de la maison de la Tour, qui, ne pouvant se résoudre à vivre en particuliers à Milan, avoient formé le dessein d'en dépouiller l'empereur, afin de s'attirer la faveur des Guelfes de l'Italie, & de devenir eux-mêmes les souverains de cet Etat ; qu'au reste il n'y avoit rien à craindre pour sa majesté, puisqu'ils lui promettoient de lui en conserver la possession par le moyen de leur parti, pourvu qu'elle voulut bien se défendre. Ce prince crut tout ce que lui dit Maffée, & joignant ses forces à celles des Visconti, ils attaquerent Gui de la Tour & ceux de son parti, occupés alors en plusieurs quartiers de la ville à appaiser l'émeute ; & tous ceux que l'empereur & ses partisans purent attrapper ils les firent mourir, confisquant les biens des autres, & les bannissant. Maffée étant demeuré maître de Milan, eut pour successeurs Galeas & Azzo, & après eux Luquin & Jean. Ce Jean ici fut fait archevêque de la ville, & Luquin qui mourut le premier laissa Bernabé & Galeas : mais Galeas mourant encore peu de tems après, il laissa un fils nommé Jean Galeas, appelé le comte de Vertus. Celui-ci, après la mort de

l'archevêque,

l'archevêque, tua en trahison son oncle Bernabé, & demeura seul maître dans Milan, dont il fut le premier qui s'en fit appeler duc. Il laissa après lui Philippe & Jean-Marie l'Ange, qui ayant été tué par le peuple, la duché demeura à Philippe, qui n'eut point d'enfans mâles. Ainsi cet Etat passa de la maison des Visconti à celle des Sforces, de la maniere & par les raisons que nous dirons ailleurs.

Pour revenir à mon sujet, l'empereur Louis, afin de donner du crédit à son parti & de se faire couronner, vint en Italie; & étant à Milan, mit les Visconti en prison, feignant de vouloir mettre les Milanois en liberté, afin d'en tirer de l'argent. Ensuite il relâcha ces prisonniers par le moyen de Castruccio de Luques, & étant à Rome, il fit Pierre de la Carvare Anti-pape, dont il espéroit que le nom joint aux forces des Visconsti, lui aideroit à tenir bas la faction qui lui étoit contraire en Toscane & en Lombardie. Mais Castruccio mourut, & cette mort fut le commencement de la ruine de l'empereur, parce que Pise & Luques se souleverent contre lui, & les Pisantins envoyerent l'Anti-Pape prisonnier au Pape, dont le séjour étoit alors en France : de sorte que ne voyant rien de bon à espérer dans les affaires d'Italie, ce prince s'en retourna en Allemagne.

Mais dès qu'il fut parti, Jean, roi de Bohême, vint en Italie, y étant appellé par les Gibelins de Bresce, qui lui firent conquérir leur ville avec Bergame, & parce que cette expédition étoit du consentement du pape, quoiqu'il feignît le contraire, le Légat de Boulogne l'aidoit, pensant que ce fût un bon moyen pour empêcher que l'Empereur ne revint dans ce pays-là. Mais cela fit changer de face aux affaires : car les Florentins & le roi Robert voyant que le Légat fomentoit & soutenoit les Gibelins, ils devinrent ennemis de tous les amis du Légat & du roi de Bohême ; & plusieurs princes se joignirent à eux sans avoir égard, ni au parti des Guelfes, ni à celui des Gibelins. Les Visconti, les de l'Escale (1), Philippe de Gonzagne de Mantoue, ceux de Carvare, & ceux d'Este entrerent dans cette alliance. Le pape donc les excommunia tous ; & le roi de Bohême redoutant cette ligue, retourna dans ses États pour amasser plus de forces, ensuite étant

---

(1) Ce sont les ancétres de Jules-César et de Joseph Scaliger, qui étoient princes de Vérone, et qui depuis l'ont été de la république des lettres.

revenu en Italie, il trouva de grandes difficultés dans son entreprise ; en sorte que cela l'étonnant, il s'en retourna en Bohéme au grand mécontentement du Légat, & ne laissa des garnisons qu'à Reggio & à Modene, ayant confié Parme à Marsilio & à Pierre de Rossi qui étoient tout puissans dans cette ville. Dès que ce roi fut parti, Boulogne se joignit à la ligue, & les confédérés partagerent entr'eux quatre villes qui étoient demeurées dans le parti de l'église dont ils convinrent de céder Parme à la maison de l'Escale, Reggio à Conzague, Modene à ceux d'Este, Luques aux Florentins. Mais pour prendre possession de ces villes, il s'en ensuivit plusieurs guerres qui furent en partie assoupies par les Vénitiens. Au reste, il paroîtra peut-être étrange, qu'au milieu de tant d'évemens qui se sont suivis les uns les autres, nous ayons si long-tems différé à parler des Vénitiens, dont l'État & par son rang, & par sa puissance, doit être mis au-dessus de tous les autres qui composent l'Italie. Mais pour faire cesser cet étonnement, je reprendrai les choses de loin pour faire connoître à tout le monde l'origine de cette république, & pourquoi ils furent si long-tems sans se meler des affaires d'Italie.

Attila, roi des Huns, assiégeant Aquilée,

dont les habitans après s'être défendus long-tems, ne voyant plus d'espérance de se conserver, se réfugierent avec ce qu'ils purent de plus précieux sur des écueils inhabités qui sont dans le fond du Golfe Adriatique. Les Padouans, d'autre côté, voyant le feu chez leurs voisins, & craignant qu'après la conquête d'Aquilée Attila ne vint les visiter à leur tour, porterent ce qu'ils avoient de meilleur dans les mêmes Lagunes (1), en un endroit appellé Rive-haute (2). Ils y envoyerent aussi leurs femmes, leurs enfans & leurs vieillards ; & toute la jeunesse demeura pour défendre la ville. Outre ceux-ci, les habitans de Monselice & des Collines du voisinage, ayant pris aussi l'épouvante, se refugierent comme les autres dans ces mêmes Lagunes. Mais après qu'Attila eut pris Aquilée & ravagé Padoue, Monselice, Vicence, & Vérone, ceux de Padoue & les plus considérables de ces pays-là continuerent à s'habituer dans ces marais qui étoient autour de Rive-haute. Tous les habitans

____

(1) On appelle ainsi les marais où Venise est bâtie.

(2) C'est un quartier qu'on appelle encore aujourd'hui *Rialto*, à l'endroit où est ce beau pont qui traverse tout le grand canal, et qui n'a qu'une seule arche.

aussi de cette province , qu'on appelloit ancien-
nement Venetia (1), poussés par la même terreur,
prirent le même parti. Ces peuples étant contraints par la nécessité , abandonnerent des pays
très-agréables & fertiles pour venir habiter des
endroits stériles, désagréables, & dépourvus de
toutes commodités. Mais comme ils s'étoient
retirés-là bien des gens tout d'un coup , ils ne
tarderent guère à rendre ces lieux habitables &
même agréables. Ils établirent un gouvernement
& des loix , qui les ont fait vivre en sureté &
acquérir même de la puissance & du crédit en
peu de tems , pendant que le reste de l'Italie étoit
dans de continuelles désolations.

Outre les habitans dont nous avons déjà parlé ,
il se réfugia bien d'autres gens dans Vénise qui
abandonnoient les villes de la Lombardie pour
éviter la cruauté de Clefi leur roi , & cela augmenta beaucoup la ville : de sorte que du tems
de Pépin, roi de France , qui vint chasser les
Lombards , à la priere du pape, il fut dit, dans
le traité que ce roi fit avec l'empereur d'Orient,

---

(1) C'étoit le pays circonvoisin de Venise, qui fut
autrefois conquis, et nommé de ce nom par des Gaulois,
venus de Vennes en Bretagne.

que le duc de Benevent & les Vénitiens ne se-
roient sujets, ni de l'un, ni de l'autre ; mais qu'ils
seroient neutres jouissant de leur liberté. Outre
cela, comme ils avoient été contraints d'aller
demeurer au milieu des eaux, & par conséquent,
ne tirant pas grand chose de la terre, cela les
obligeoit à chercher d'ailleurs les moyens de
vivre honnétement ; de sorte qu'allant par tout
le monde avec leurs vaisseaux, ils remplissoient
leur ville de mille sortes de marchandises, dont
les autres peuples avoient besoin ; ce qui y attiroit un grand concours. Et pendant plusieurs
années ils ne penserent point à d'autres conquêtes
qu'à celles qui facilitoient leur commerce, & c'est
pour cela qu'ils étoient devenus maîtres de tant
de ports en Grèce & en Syrie : & parce que les
Français, en passant en Asie, s'étoient beaucoup
servis de leurs vaisseaux, ils les en récompen-
serent en leur donnant le royaume de Candie.
Or, pendant qu'ils vécurent ainsi, ils se faisoient
redouter sur mer, & respecter en Italie ; de sorte
qu'on les prenoit souvent pour arbitres dans tous
les différens qui survenoient, comme cela arriva
à l'égard de ceux qui diviserent les confédérés
au sujet des villes qu'ils avoient partagées entr'eux.
Les Vénitiens étant donc juges de cette affaire,
ils adjugerent Bresce & Bergame aux Visconti.

Mais depuis qu'avec le tems ils se furent emparés de Padouë , de Vicence , de Trévise ; ensuite de Vérone, de Bergame, de Bresce , & d'autres places dans le royaume de Naples & dans la Romagne ; s'étant mis l'ambition en tête , ils devinrent si puissans , qu'ils se faisoient craindre , non - seulement aux princes d'Italie, mais même aux rois de de-là les Monts , qui s'étant ligués tous ensemble , les ont dépouillés en un jour de toutes les conquêtes qu'ils avoient faites en plusieurs années , & avec une dépense infinie. Et quoique dans ces derniers tems , ils en ayent repris une partie, néanmoins , n'ayant point regagné, ni le crédit, ni la puissance qu'ils avoient perdus, il faut que , comme les autres princes d'Italie , ils dépendent de la discrétion d'autrui.

Benoît XII parvint au Pontificat, & comme il s'imaginoit avoir perdu l'Italie, & qu'il craignoit extrémement que l'empereur ne s'en rendît tout-à-fait le maître , il résolut de se rendre amis tous ceux qui avoient usurpé les places qui reconnoissoient autrefois l'empereur , afin qu'appréhendant son ressentiment , ils eussent plus de passion pour se joindre avec sa sainteté à la défense de l'Italie. Il donna donc pour cet effet une Bulle, par laquelle il déclaroit *que tous les tyrans*

*de la Lombardie étoient légitimes seigneurs de
toutes les places qu'ils avoient usurpées.*

Mais ce pape étant mort dans cette conjoncture, & Clément VI lui ayant succédé, l'empereur, pour ne pas paroître moins libéral du bien d'autrui que l'avoit été Benoît XII, donna aussi à tous les usurpateurs des places du patrimoine de l'église, le pouvoir de les posséder à juste titre, & sous la protection impériale : de sorte que Galliot Malatesti & ses freres devinrent par ce moyen légitimes souverains de Rimini, Pésaro, & Frano (1); Antoine de Montefeltro fut confirmé dans la possession de la marche & de la duché d'Urbin; Camerino (2) fut donnée en propre à Gentil de Vérano, Ravenne à Gui de Polente, Fourli & Cesene demeurerent à Sinibaldo Ordelaffi, aussi-bien que Fayence (3) à Jean Manfredi, & imola à Louis Alidosi; en un mot, toutes les autres places du patrimoine de l'église furent ainsi dispersées par l'empereur,

––––––––––––––––––––––––––––––

(1) Ce sont trois villes de la Romagne, le long du golfe de Venise.

(2) C'est une duché de la Marche d'Ancone.

(3) Cette ville est en Lombardie. Elle a donné le nom à une sorte de vaisselle de terre assez connue.

de sorte qu'il en resta peu sans avoir de prince
particulier. Et ceci a duré jusqu'au tems d'A-
lexandre VI, ce qui affoiblissoit beaucoup l'église :
mais ce pape la rétablit par la ruine des descendans de tous ces gens-là. L'empereur étoit à
Trente quand il fit cette distribution, & faisoit
courir le bruit qu'il vouloit passer en Italie ; ce
qui causa assez de guerres en Lombardie, qui
donnerent lieu aux Visconti de conquérir Parme.

Dans ce tems, Robert, roi de Naples mourut,
& ne laissa que deux petites filles, nées de son
fils Charles, qui étoit mort avant son pere. Robert
ordonna donc par testament, *que l'aînée de ses
filles, nommée Jeanne, seroit héritiere du royaume,
& qu'elle épouseroit André, fils du roi de Hongrie,
neveu du défunt.* Ce prince ne fut pas long-tems
son mari : car elle le fit mourir pour épouser
Louis, prince de Tarente son cousin. Mais Louis,
roi de Hongrie, frere d'André, voulant venger
sa mort, passa avec une armée en Italie, & déposséda Jeanne & son mari du royaume.

Il arriva dans le même-tems une chose remarquable à Rome ; c'est qu'un nommé Nicolas de
Lorens, chancelier du Capitole, chassa les sénateurs de la ville, & sous le titre de Tribun se
fit chef de la république romaine, & la remit sur
le pied de l'ancien gouvernement avec une si

grande réputation de valeur & de justice , que non-seulement les États voisins , mais aussi toute l'Italie lui envoya des ambassadeurs : de sorte que les anciennes provinces voyant renaître la république Romaine , haussoient déjà la téte , & donnoient à ce nouveau Tribun des marques de leur respect , les uns par des motifs de crainte , & les autres par ceux de l'espérance. Mais ce Nicolas nonobstant sa grande réputation , revint de lui-même à son premier principe : car ayant perdu courage sous un si grand fardeau , il s'enfuit à la sourdine , sans qu'aucun le chassât , & s'en alla trouver Charles , roi de Bohéme , qui avoit été élu empereur par ordre du pape , pour mortifier Louis de Baviere son ennemi. Ce roi voulant faire plaisir au pape , lui envoya Nicolas prisonnier.

Cependant , quelque tems après il se trouva qu'un nommé François Baroncegli s'empara aussi de l'autorité à l'imitation de Nicolas , & se fit tribun à Rome , dont il chassa les sénateurs : de sorte que le pape ne trouvant point de plus prompt remede , délivra Nicolas de prison , & l'ayant fait tribun , l'envoya à Rome, ou ayant repris sa premiere autorité , il fit mourir François. Mais les colonnes étant devenus ses ennemis,

ils le firent aussi mourir peu de tems après, &
rétablirent les sénateurs.

Dans ces entrefaites, le roi de Hongrie ayant
dépossédé la reine Jeanne de ses États, s'en
retourna chez lui. Mais le pape qui aimoit mieux
avoir dans son voisinage cette reine que le roi,
fit tant que Louis voulut bien la rétablir, aux
conditions *que son mari ne prendroit point la
qualité de roi, se contentant du titre de prince de
Tarente.*

On étoit alors dans l'année mille trois cents
cinquante ; de sorte que le pape crut qu'on pouvoit réduire à cinquante ans le jubilé que Boniface VIII avoit ordonné pour tous les cent ans.
Il en fit son décret en faveur duquel les Romains
lui permirent d'envoyer quatre cardinaux à Rome
pour réformer l'état de l'église, & pour établir
des sénateurs à sa volonté. Le pape aussi déclara Louis de Tarente roi de Naples ; de sorte
qu'en reconnoissance, la reine Jeanne lui donna
Avignon qui étoit de son domaine.

Dans ce tems-là, Luquin Visconti mourut:
de sorte que l'archevêque Jean étoit demeuré
le seul maître de Milan. Ce prince fit tant de
guerres à la Toscane & à ses voisins, qu'il en
devint très-puissant, & après sa mort il laissa
Bernabé & Galeas ses neveux. Mais peu après

Galeas mourut, & laissa son fils Jean Galeas, qui partagea l'État avec Bernabé.

L'empire étoit alors entre les mains de Charles, roi de Bohême, & le pontificat entre celles d'Innocent VI, qui envoya en Italie le cardinal Gilles, espagnol de nation, qui eut l'adresse de rétablir le pouvoir de l'église à Rome, dans la Romagne, & dans toute l'Italie même. Il reconquit Boulogne, que l'archevêque de Milan avoit prise. Il contraignit les Romains de recevoir un sénateur étranger , que le pape y envoieroit tous les ans. Il fit un traité avantageux avec les Visconti. Il battit à platte couture & fit prisonnier Agut, général Anglais, qui étoit venu avec quatre mille hommes de sa nation au secours des Gibelins de la Toscane : de sorte qu'Urbain V étant devenu pape, il lui prit envie de visiter Rome & l'Italie, où l'empereur Charles vint aussi ; mais peu de mois après l'un s'en retourna en Bohême & l'autre à Avignon.

Après la mort d'Urbain , Grégoire XII fut élu pape, & parce que le cardinal Gilles étoit mort aussi, l'Italie retomba dans ses premieres brouilleries, causées par les peuples ligués contre les Visconti : de sorte que le pape envoya d'abord un légat en Italie avec six mille Français de la province de Bretagne. Ensuite il vint en personne, & rétablit la cour apostolique à Rome, en l'année mille trois cents soixante & seize, soixante & onze ans après qu'elle avoit été transportée en France. Mais après sa mort Urbain VI ayant été créé pape, peu de tems après, dix cardinaux, qui étoient à Fondi, en élurent un autre, qui fut appelé Clément VII, disant qu'Urbain avoit été mal élu.

Les Génois, après avoir été fort long-tems sujets des Visconti, se révolterent contr'eux dans ce tems-là, & à l'occasion de l'île de Te-nedos, ils eurent avec les Vénitiens de très-grandes guerres, qui diviserent toute l'Italie. Ce fut dans ces guerres-là où l'on commença à voir de l'artillerie qui étoit une invention venue d'Allemagne, & quoique les Génois eussent d'abord beaucoup d'avantage & eussent même tenu Venise assiégée pendant quelques mois, néanmoins les Vénitiens eurent enfin le dessus, & firent la paix par l'entremise du pape.

Dans l'an mille trois cents quatre-vingt-un il y eut un schisme, comme nous venons de dire, & la reine Jeanne tenoit le parti du pape schis-matique; de sorte qu'Urbain suscita contr'elle Charles de Duras, issu des rois de Naples, qui étant venu, la dépouilla de son État, & elle se réfugia en France, dont le roi, étant piqué

du mauvais traitement qu'on avoit fait à cette
princesse, envoya Louis d'Anjou pour la rétablir, & pour chasser Urbain de Rome, en y
établissant l'anti-pape. Mais Louis mourut sur
ces entrefaites, & ses gens, ayant été battus,
s'en retournerent en France. Et cependant le
pape s'en alla à Naples, où il mit en prison neuf
cardinaux, qui avoient suivi le parti de la France
& de l'anti-pape. Ensuite, il se brouilla avec
le roi de Naples, qui n'avoit pas voulu lui accorder la principauté de Capoue pour un de ses
neveux; mais feignant de n'être point offensé de
ce refus, il lui demanda seulement qu'il le laissât
demeurer à Nocéra, où il se fortifia, & se disposa à dépouiller le roi de ses États. C'est pourquoi ce prince alla l'y assiéger; mais le pape
s'enfuit à Gênes où il fit mourir les cardinaux
qu'il tenoit prisonniers. Delà il vint à Rome;
& afin de s'acquérir de la réputation, il créa
vingt & huit cardinaux.

Dans ce tems-là, Charles, roi de Naples,
alla en Hongrie où il fut couronné roi, & peu
après il mourut laissant sa veuve avec deux enfans, Ladislas & Jeanne.

Galeas Visconti ayant fait mourir son oncle
Bernabé, s'étoit emparé de l'État de Milan, &
ne se contentant pas d'être souverain de toute

la Lombardie, il vouloit encore conquérir la Toscane. Mais comme il croyoit s'en emparer, & ensuite se faire couronner roi d'Italie, il mourut.

Urbain VI avoit eu pour successeur Boniface IX, & l'anti-pape Clément VIII mourut aussi à Avignon en place de qui l'on créa Benoît XIII.

L'Italie étoit alors remplie de soldats Anglais, Allemands & Bretons, conduits & amenés en partie par les princes qui y étoient venus, & en partie aussi envoyés par les papes, lorsqu'ils étoient à Avignon. C'étoit avec ces troupes que les princes Italiens faisoient presque toutes leurs guerres, jusqu'au tems de Louis de Conio de la Romagne, qui fit une compagnie de soldats Italiens, à laquelle il donna le nom de Saint-George. Sa valeur & la bonne discipline qu'il faisoit observer, décrédita bientôt les troupes étrangeres, & donna de la réputation aux Italiennes, dont ensuite les princes se prévalurent dans les guerres qu'ils se firent.

Le pape se retira à Scesi à cause des différens qu'il avoit eu avec les Romains, & y demeura jusqu'à l'année du jubilé mille quatre cents, auquel tems le peuple voulut bien recevoir un sénateur étranger, & laisser fortifier le château

Saint-Ange, afin que le pape retournât à Rome, & y apportât les avantages qu'attire un jubilé. Étant donc retourné à ces conditions-là, il ordonna qu'à l'avenir tous les bénéfices vacants payeroient à la chambre apostolique une année de leur revenu afin d'enrichir l'église.

Après la mort de Jean Galeas, duc de Milan, tout cet État fut divisé, quoique le défunt eut laissé deux enfans, dont l'aîné s'appeloit Jean-Marie Ange & l'autre Philippe. Et, dans toutes les brouilleries qui survinrent, le dernier fut tué, & Philippe fut pendant un tems renfermé dans le château de Pavie, d'où il se sauva par l'adresse & la fidélité du capitaine. Or, entre les autres qui prirent des places que feu son pere occupoit, il y eut Guillaume de l'Escale, lequel étant hors de son État de Vérone en reprit la possession par l'assistance de François de Carrara, prince de Padoue, chez qui il s'étoit réfugié ; mais il ne jouit pas long-tems de cette prospérité ; car le même François de Carrara le fit empoisonner, & s'empara de son État. C'est pourquoi les Vicentins, qui avoient vécu jusques alors en snreté sous la domination des Visconti, redoutant la puissance de Carrara, se donnerent aux Vénitiens qui, lui déclarant la

guerre,

guerre, conquirent d'abord Vérone sur lui, &
ensuite Padoue.

Cependant le pape Boniface mourut, & Innocent VII fut élu en sa place. Les Romains le
supplierent de leur rendre leurs forteresses &
leur liberté; & lui n'en voulant rien faire, ils
appelerent Ladislas, roi de Naples, à leur secours. Mais s'étant ensuite accordés, le pape
retourna à Rome, d'où il s'étoit enfui à Viterbe
par la crainte du peuple , & avoit fait-là son
neveu comte de la marche.

Il mourut quelque tems après, & Grégoire XII
fut élu en sa place aux conditions de renoncer
au pontificat aussi-tôt que l'anti-pape y voudroit
remonter aussi. Et à la sollicitation des cardinaux, qui vouloient tâcher de réunir les divisions de l'église, Benoît l'anti-pape vint à Por-
tovenere, & Grégoire à Luques, où l'on fit
beaucoup de propositions; mais sans rien conclure : de sorte que les cardinaux des deux papes
les abandonnerent tous deux, dont l'un s'en alla
en Espagne, & l'autre à Rimini. D'autre côté,
les cardinaux, aidés par Balthasar Cossa , légat
de Boulogne & cardinal , assemblerent un concile à Pise, où ils créerent pontife Alexandre V,
qui aussi-tôt excommunia le roi Ladislas , &
donna son royaume à Louis d'Anjou; puis s'étant

ligué avec les Florentins, les Génois, les Vénitiens, & le légat Balthasar Cossa, ils attaquerent tous ensemble ce roi, & lui prirent Rome.

Mais le pape mourut dans le fort de cette guerre, & le légat Cossa fut élu en sa place, s'étant fait nommer Jean XXIII. Il partit donc de Boulogne où il avoit été créé pape, & s'en alla à Rome, où il trouva Louis d'Anjou & son armée qu'il avoit amenée de Provence avec laquelle il combattit & défit Ladislas; mais faute de guides, il ne put pousser sa victoire; de sorte que le roi ayant repris de nouvelles forces en peu de tems, il reconquis Rome, dont la pape s'enfuit à Boulogne, & Louis d'Anjou en Provence.

Mais le pape cherchant les moyens d'abaisser Ladislas, fit élire Sigismond, roi de Hongrie, empereur, & le sollicita de venir en Italie, où il s'aboucha avec lui à Mantoue, demeurant d'accord de faire assembler un concile général, où l'on réuniroit l'église, qui alors seroit assez puissante pour résister à ses ennemis.

Il y avoit en ce tems-là trois papes, Grégoire, Benoît & Jean, ce qui rendoit l'église foible & méprisable. Constance, ville d'Allemagne, fut choisie pour assembler le concile, mais contre l'intention du pape ; car le roi Ladislas qui l'avoit obligé à prendre cet expédient étoit mort : Néanmoins ce pontife s'y étant engagé, il ne put pas refuser d'y aller. Mais, étant arrivé au concile, il ne fut pas long-tems sans reconnoître sa faute, & tâcha de s'enfuir : c'est pourquoi il fut mis en prison, & contraint de renoncer au pontificat. Grégoire, l'un des anti-papes, y renonça par un envoyé, & Benoît, l'autre anti-pape, ne voulant pas renoncer, fut condamné comme hérétique. Enfin, étant abandonné par ses cardinaux, il fut aussi contraint d'abdiquer, & le concile créa pape Oddo de la Maison Colonne, qui fut depuis appelé Martin V; ainsi l'église se réunit après avoir été démembrée quarante ans durant sous plusieurs papes.

Nous avons dit que dans ces tems-là Philippe Visconti étoit prisonnier dans la forteresse de Pavie. Mais Fantino Cané qui, dans les troubles de la Lombardie, s'étoit rendu maître de Vercel, d'Alexandrie, de Novare & de Tortone, avec beaucoup de richesses, mourut sans enfans, & laissa héritiere sa femme Beatrix, à condition qu'elle épouseroit Philippe. Ce mariage ayant rendu Philippe puissant, il reconquit Milan & tout ce qu'il avoit perdu en Lombardie. Après cela, suivant la coutume de presque

que tous les princes , de reconnoître mal les services qu'on leur rend , il récompensa les bienfaits qu'il avoit reçus de sa femme , en l'accusant d'infidélité , & la faisant mourir sur ce prétexte : de sorte qu'étant devenu très-puissant, il tourna ses pensées du côté de la Toscane , voulant exécuter le dessein de son pere Jean Galeas.

Ladislas , roi de Naples , en mourant avoit laissé à sa sœur Jeanne , outre ses États , une grande armée , commandée par les premiers chefs d'Italie , dont l'un des principaux étoit Sforce de Contignole , capitaine de réputation , selon la maniere de faire la guerre dans ces tems-là. La reine , pour éviter les soupçons qu'on pouvoit avoir de ce qu'elle tenoit auprès d'elle un nommé Pandolfello qu'elle avoit élevé, prit pour mari Jacques de la Marche , Français de nation , & allié de la maison royale , à condition qu'il se contenteroit du titre de prince de Tarente , & qu'il laisseroit à la reine son titre avec l'autorité qui en dépend. Mais dès que ce prince fut arrivé à Naples , les soldats le traiterent de roi. Cela fit naître de grandes brouilleries entre le mari & la femme ; ce qui les obligeant à se livrer souvent bataille, ils remporterent aussi de fréquentes victoires l'un sur l'autre. Néanmoins la reine demeura enfin maîtresse de son État, & devint ensuite ennemie du pape : sur quoi Sforce, qui avoit dessein de la réduire à la nécessité de se venir jeter entre ses bras, renonça tout d'un coup, & contre l'espérance de cette princesse à son service. S'étant donc trouvée en un moment dépourvue de défense, & n'ayant point d'autres remedes, elle eut recours à Alfonse, roi d'Arragon & de Sicile, qu'elle adopta pour son héritier, & en même-tems elle prit à son service Bracio, qui n'avoit pas moins de réputation que Sforce, & de plus qui étoit ennemi du pape, parce qu'il avoit conquis sur lui Perouse & d'autres places appartenantes à l'église.

Après cela, le pape & la reine firent la paix. Or le roi Alfonse, qui craignoit qu'elle ne le traitât comme elle avoit fait son mari, cherchoit finement les moyens de lui prendre ses places les plus fortes ; mais elle qui étoit rusée le prévint, & se fortifia dans le château de Naples. Les soupçons venant donc à s'augmenter entr'eux, ils rompirent enfin ouvertement, & la reine, ayant reprit Sforce à son service, battit par son moyen Alfonse, le chassa de Naples, le deshérita, & adopta en sa place Louis d'Anjou : de sorte qu'après cela Bracio, qui suivoit le parti d'Alfonse, & Sforce, qui suivoit celui de la reine, eurent guerre ensemble. Dans cette guerre Sforce se noya en passant la riviere de Pescara : de sorte que cette princesse étant encore sans défense par la mort de ce général , elle auroit été chassée de chez elle sans le secours de Visconti , duc de Milan , qui contraignit le roi d'Arragon de s'en retourner dans son royaume. Mais Bracio , sans s'épouvanter par la retraite d'Alfonse , continua toujours à agir contre la reine , & ayant assiégé Aquila (1) , le pape , qui crut qu'il n'étoit pas de l'intérêt de l'église de laisser devenir Bracio si puissant , envoya contre lui François , fils de Sforce , qui le tua, & défit son armée auprès d'Aquila. Ce général laissa un fils nommé Oddo , à qui le pape ôta Perouse , en lui laissant l'État de Montone. Mais ce fils fut tué peu de tems après faisant la guerre dans la Romagne pour les Florentins : de sorte que de tous ceux qui combattoient avec Bracio , il ne resta de capitaine de réputation que Nicolas Piccinino.

Mais puisque notre discours nous a amenés

---

(1) C'est la capitale de l'Abruzzo, une des provinces du royaume de Naples, qui confine au golfe de Venise.

si près des tems qui regardent notre sujet, n'ayant omis que ce qui regarde les guerres que les Florentins & les Vénitiens eurent avec Philippe, duc de Milan, dont nous parlerons lorsque nous traiterons des affaires de Florence en particulier, je n'ai pas dessein à présent d'aller plus loin, devant que de représenter en raccourci l'État de l'Italie, par rapport à ses princes & à ses guerres, dans le tems où le fil de notre histoire nous a conduits.

Entre les États les plus considérables, la reine Jeanne II tenoit le royaume de Naples, la Marche, le patrimoine de Saint-Pierre, & la Romagne. Une partie de ces États-là reconnoissoit la domination du pape ; d'autres étoient soumis ou à leurs vicaires, ou à des usurpateurs, comme Ferrare, Modene & Reggio, qui étoient sous la domination de la maison d'Este ; Fayence, sous celle de Manfredi ; Imola, sous les Alidosi ; les Ordaleffi tenoient Fourli ; les Malatesti, Rimini & Pesare ; & ceux de la maison de Varano étoient maîtres de Camerino. La Lombardie étoit partagée entre les Vénitiens & le duc Philippe, qui avoit absorbé tous les autres États qui y étoient auparavant, excepté Mantoue, qui étoit encore entre les mains de Gonzagues. La Toscane étoit la plus grande partie soumise aux Florentins,

F 4

à l'exception de Luques & de Sienne , dont celle-ci étoit libre , & l'autre soumise aux Guinigi. Les Génois tantôt obéissoient aux Visconti, & tantôt aux Français ; & , vivant dans le mépris, on les comptoit pour être des moindres États de l'Italie. Les principaux de tous ces souverains avoient leurs armées composées d'étrangers. Le duc Philippe , étant renfermé dans son palais, sans se laisser voir, faisoit la guerre par ses lieutenans. Si-tôt que les Vénitiens eurent tourné leurs armes du côté de Terre-Ferme , ils perdirent leurs forces maritimes par lesquelles ils s'étoient acquis tant de gloire ; & , suivant la coutume des autres potentats d'Italie, ils faisoient la guerre avec des armées d'étrangers. Le pape étant homme d'église , & la reine Jeanne étant femme , faisoient par nécessité ce que les autres faisoient par leur mauvaise conduite. Les Florentins étoient aussi contraints de prendre le même parti ; car leurs divisions ayant éteint la noblesse , & l'État n'étant gouverné que par des marchands , il falloit qu'ils suivissent la fortune & les volontés des autres. Les armes d'Italie étoient donc entre les mains des plus petits princes ou des particuliers. Les premiers s'y attachoient sans aucun motif de gloire , mais seulement dans la pensée d'acquérir des richesses ou de se les conserver. Les autres, y étant élevés dès leur jeunesse, & ne sachant pas faire autre chose, cherchoient par ce métier les moyens de s'élever ou par les richesses ou par le crédit. Les plus fameux de tous ceux-ci étoient Carmignole, François Sforce, Nicolas Piccinino, éleve de Bracio, Agnolo de la Pergole, Laurent & Michelet Attenduli, le Tantoglia, Giaccopaccio, Ceccolino de Perouse, Nicolas de Tolentin, Jude Torello, Antoine du Pont-sur-Here, & plusieurs autres semblables. Avec ceux-ci étoient les petits princes, dont je viens de parler, auxquels se joignirent les barons Romains, les Ursins, les Colonnes, avec d'autres seigneurs & gentilshommes du royaume de Naples & de la Lombardie, qui faisoient tous profession des armes ; &, s'étant ligués ensemble, ils en avoient fait un métier, dans lequel ils se gouvernoient d'une maniere que le plus souvent les deux partis qui se faisoient la guerre y perdoient également. Enfin ils la mirent sur un si méchant pied que le plus petit général, qui auroit eu la moindre teinture de l'ancienne discipline, les auroit tous perdu de réputation au grand étonnement de toute l'Italie, où le mérite étoit assez inconnu pour qu'on y fît cas de ces gens-là. Ce sera

donc des princes fainéants & de ces pitoyables
armées que mon histoire sera remplie. Mais devant que d'en venir-là, afin de m'acquitter de
ma promesse, il faut que je parle de l'origine de
Florence, & de son gouvernement d'alors, &
comment elle y étoit parvenue au milieu de tant
de traverses, qui avoient accablé l'Italie depuis
mille ans.

Fin du premier Livre.

HISTOIRE

DE

FLORENCE.

LIVRE SECOND.

Entre tous les excellens usages & les meilleurs ordres des anciens États, il n'y en avoit
point de plus utile que celui par lequel ils fon-
doient en tout tems, des villes & des places
nouvelles : car rien n'est si digne de la grandeur
d'un prince ou d'une république bien conduite
que de bâtir beaucoup de nouvelles villes, où
les peuples se puissent retirer & s'y mettre à
couvert de l'insulte, ou afin d'y cultiver le pays.
C'est ce que les anciens faisoient aisément, parce
qu'ils avoient la coutume d'envoyer de nouveaux
habitans dans les pays vuides ou dans ceux

qu'ils avoient conquis , & ils appeloient cela faire
des colonies. Car outre que cette bonne coutume produisoit tous les jours un grand nombre
de belles villes , le pays en demeuroit plus
assuré au vainqueur , les lieux vuides se remplissoient , & les hommes se partageoient presque également par les provinces où , se trouvant
plus à leur aise , ils peuploient davantage , &
par conséquent ils étoient plus propres pour
étendre leurs conquêtes ou plus en état de se
défendre. Mais cet usage étant aboli aujourd'hui
par la négligence des États , il en arrive que
les provinces se ruinent & s'affoiblissent, parce
que cette conduite rendoit les pays plus assurés
& plus peuplés. La sureté d'une nouvelle
conquête se trouvoit dans ces peuplades ,
parce qu'une colonie est comme une citadelle
& une garde qui assure le conquérant de la
fidélité de ses nouveaux sujets. De plus, une
province ne peut pas être habitée également
sans cela , parce que tous les endroits n'en sont
pas également sains & fertiles ; d'où il arrivera
qu'en un canton il y aura trop d'habitans , &
dans l'autre il y en aura trop peu , & si vous
n'avez point de moyens d'en ôter des lieux où
ils sont trop pressés , & d'en mettre où il en
manque , un pays sera bientôt en désordre étant

désert en un endroit & pauvre dans l'autre à cause de la trop grande quantité de peuple. Or, parce que la nature ne remédie pas d'elle-même à ces inconvéniens, il faut y remédier par l'art, car un pays mal-sain, qui est bien cultivé par un grand nombre d'habitans, change peu-à-peu de nature, & l'air se purifie par les feux qu'on y fait, & cela ne se fait point sans soins & sans peine. Vous voyez une preuve de ce que je dis dans Venise, qui est située dans un air impur & marécageux ; néanmoins le grand nombre d'habitans, qui y survint tout d'un coup, corrigea ce défaut. Pise, étant encore dans un pays mal-sain, n'a jamais été peuplée que depuis que les Sarrasins eurent ravagé Génes & ses côtes : ce qui fut cause qu'un si grand peuple, étant chassé de sa patrie, vint tout-à-la-fois dans cette ville, la peupla & la rendit puissante. Depuis donc que l'on ne pratique plus l'usage d'envoyer des colonies, on a bien plus de peine à conserver les pays conquis, les déserts ne se repeuplent point, & ceux qui sont trop chargés ne se soulagent point. De-là vient que tant d'endroits du monde, sur-tout de l'Italie, sont inhabités en comparaison des Romains ; ce qui ne peut venir que de ce que les souverains n'ont plus les principes de la véritable gloire, ni les républiques les bons ordres qu'on observoit autrefois.

On voyoit donc, par le moyen de ces peuplades, naître souvent de nouvelles villes, & augmenter les autres. C'est ainsi que Florence a tiré son origine de Fiésole & sa grandeur des colonies, car c'est une chose très-certaine, selon que Dante & Jean Villani le prouvent, que la ville de Fiésole, étant plantée sur la cime de la montagne, avoit ordonné que ses marchés se tiendroient dans la plaine entre le pied de la montagne & la riviere d'Arne, afin que ceux qui y voudroient apporter leurs marchandises le pussent faire plus commodément. Apparamment que ces marchés furent cause qu'on commença à bâtir des maisons dans cet endroit-là, parce que les marchands étoient bien aises d'y pouvoir retirer leurs marchandises, & enfin ils s'accoutumerent à y demeurer eux-mêmes. Mais lorsqu'après la ruine des Carthaginois les Romains eurent mis l'Italie à couvert des guerres étrangeres, ces habitations-là augmenterent beaucoup; car jamais les hommes ne demeurent en des endroits difficiles, s'ils n'y sont contraints par la nécessité : ainsi dans les tems suspects de guerres, ils demeureront sans peine dans des endroits rudes & forts; mais dans un autre tems leurs

commodités leur feront rechercher les lieux habitables & aisés. La tranquillité que la réputation des Romains apporta dans l'Italie put bien
multiplier le nombre de ces maisons, bâties
auprès de l'Arne, comme nous l'avons dit, &
jusqu'à tel point qu'ayant acquis la forme d'ungros
bourg, on leur donna le nom du bourg d'Arne.
Ensuite vinrent les guerres civiles, d'abord entre
Marius & Sylla; puis, entre César & Pompée;
& enfin entre ceux qui avoient tué César & ceux
qui vouloient venger sa mort. Ce fut Sylla qui
envoya le premier des colonies à Fiésole; & les
trois bourgeois de Rome qui, ensuite de la
vengeance qu'ils prirent de la mort de César,
partagerent l'univers entr'eux continuerent d'envoyer des gens en cet endroit-là; & la plupart
prirent leur habitation dans la plaine auprès du
bourg déjà commencé; ce qui fit que ce lieu
étant si accru, pouvoit bien tenir reng parmi les
autres villes d'Italie.

Les avis sont assez partagés sur l'origine du
nom de Florence. Quelques-uns veulent que ce
nom lui fut imposé par un nommé Florinus,
chef d'une des colonies. D'autres soutiennent que
d'abord elle ne fut pas appelée Florence mais
Fluence à cause qu'elle étoit auprès du courant
de l'Arne; &, pour fortifier leur opinion, ils

citent Pline, qui dit que Fluence étoit tout proche de l'Arne. Mais cette opinion pourroit bien être fausse, car Pline dans ce texte-là, dit bien où étoient situés les Florentins, mais non pas comment ils étoient appelés. Pour le terme de Fluence, il paroît que c'est une faute des copistes, puisque Tacite & Frontin, qui vivoient au tems de Pline à-peu-près, appellent les peuples & le lieu, Florence & les Florentins : car dès le tems de Tibere ils se gouvernoient déjà comme les autres villes d'Italie, & Tacite dit : qu'*il vint des députés Florentins à Tibere le prier qu'ils ne fussent pas obligés de laisser noyer leur territoire par les eaux de Clanes.* Or, il n'y a pas de raison de dire qu'une même ville portât deux noms à-la-fois. Je crois donc qu'elle fut toujours appelée Florence, dont le nom en doit être rapporté à l'origine. Elle l'eut sous l'empire Romain, & les auteurs commencent à en parler du tems des premiers empereurs. Et quand cet empire fut désolé par les barbares, Florence aussi fut détruite par Totila, roi des Ostrogots ; &, deux cens cinquante ans après, elle fut rebâtie par Charlemagne. Depuis ce tems-là jusqu'en l'an de notre Seigneur mille deux cents quinze elle fut soumise à ceux qui régnoient en Italie. D'abord, ce fut les descendans de Charlemagne

&

& puis les Bérengers qui y régnerent, & enfin les empereurs Allemands, comme nous l'avons remarqué dans le premier Livre. Or, les Florentins ne pouvoient pas devenir puissans, ni faire parler d'eux en ce tems-là, à cause de la trop grande puissance de leurs souverains. Néanmoins, en mil dix, le jour de Saint Romule, qui est un jour fort remarquable aux habitans de Fiésole, les Florentins prirent & détruisirent leur ville : ce qu'ils exécuterent, ou par le consentement de l'empereur, ou peut-être pendant l'interregne qui est au tems où l'on a un peu plus de liberté.

Mais depuis que les papes se furent rendus puissans en Italie, & qu'ils eurent abaissé les empereurs Allemands, toutes les villes de cette partie de l'empire n'étoient plus si soumises à leur prince ; ensorte qu'en l'an mil quatre-vingt toute l'Italie se partagea manifestement entre l'empereur & le pape. Mais nonobstant ces factions, les Florentins demeurerent unis entre eux jusqu'à l'an mil deux cent quinze, s'assujétissant aux plus puissans, & n'ayant point d'autre ambition que de se conserver.

Mais comme dans nos corps plus les maladies viennent tard & plus elles sont dangereuses ;

aussi Florence plus elle tarda à prendre parti
dans les troubles d'Italie plus elle en souffrit de
désolation. L'origine de la premiere division est
très-connue, puisque Dante & d'autres auteurs
l'on fort publiée : je ne laisserai pourtant pas
de la rapporter ici en peu de mots. Dans Florence les maisons les plus puissantes étoient celles
de Buondelmonte & d'Uberti ; après ceux - là
étoient les Amidei & les Donati. Dans la maison
des Donati il y avoit une veuve fort riche,
qui avoit une très-belle fille. La mere avoit résolu en elle-même de la marier à l'aîné de la
maison de Buondelmonte, qui étoit alors un
jeune cavalier. Or soit par négligence, ou que
cette veuve crût qu'elle pouvoit encore différer;
il arriva, devant qu'elle eût découvert sa pensée
à personne, que Buondelmonte s'engagea d'épouser une jeune fille de la maison Amidei ; ce qui
fâcha fortement la veuve Donati, qui s'imagina
pouvoir rompre ce mariage par la beauté de sa
fille. Voyant donc Buondelmonte qui venoit seul
vers sa maison, elle descendit en bas se faisant
suivre par sa fille ; & comme il passoit, elle
se mit au-devant de lui, & lui dit : *Je vous
félicite de vous être engagé à vous marier, pendant que je vous destinois cette fille-ici ; &,*
ayant poussé sa porte, elle lui fit voir cette

jeûne beauté. Le cavalier ayant été frappé de
tant de charmes , & d'ailleurs faisant réflexion
que l'alliance & le bien n'etoient pas moindre
que chez celle qu'on lui donnoit, il se mit en
une telle passion de posséder cette demoiselle
que sans se souvenir ni de la foi donnée , ni
de l'affront qu'il faisoit en la rompant , & sans
penser aux suites que devoit avoir une telle
rupture , il répondit à la dame : *Puisque vous
me l'avez destinée , je serois un ingrat de la refuser étant encore tems de l'accepter* ; & , sans
perdre un moment , il l'épousa. Si-tôt que la
chose éclata, les Amidei & les Uberti, leurs
parens , se sentirent piqués au vif : & , ayant
pris conseil ensemble avec plusieurs autres parens , ils conclurent que c'étoit-là un affront insupportable, qui ne pouvoit être réparé que par
la mort de Buondelmonte. Et quoique quelques-
uns fissent réflexion sur les suites que cela pourroit avoir , Lamberti dit : *Que quand on pensoit à trop de choses , on n'en concluoit aucune*,
alléguant ce proverbe assez ordinaire à Florence :
Qu'une chose commencée est faite. La commission donc de se défaire de Buondelmonte
fut donnée à Moscha Lamberti, à Stiatta Uberti,
à Lambertuccio Amidei, & à Oderigo Fifanti.
Ces gens-ici s'enfermerent un jour de Pâques

dans la maison des Amidei, qui est située entre
le vieux pont & l'église de Saint Étienne ; &
comme Buondelmonte passoit de l'autre côté
de l'eau sur un cheval blanc, s'imaginant peut-
être qu'il étoit aussi aisé doublier un affront
reçu comme de renoncer à une alliance, il fut
tout-d'un-coup attaqué & tué à l'entrée du pont,
auprès d'une statue de Mars, par ces quatre
conjurés. Cette mort partagea toute la ville ;
de sorte que les uns prirent le parti des Buondelmonte, & les autres celui des Uberti. Or,
parce que ces deux familles étoient puissantes
en alliances, en maisons, en châteaux, & en
hommes, elles combattirent long-tems ensemble
sans se pouvoir chasser ni l'une ni l'autre ; &
quoique leur haine ne se termina pas par une
paix, on en interrompoit souvent les mouvemens
par quelques tréves. Par ce moyen-là, tantôt ils
s'échauffoient, tantôt ils se rallentissoient, selon
les nouveaux incidens.

Ces divisions troublerent Florence jusqu'au
tems de Frédéric II, qui, étant roi de Naples,
crut pouvoir augmenter sa puissance aux dépens
de l'église ; & afin de s'affermir davantage en
Toscane, il favorisa le parti des Uberti & de
leurs adhérens, qui aidés de ce puissant secours
chasserent les Buondelmonte ; & ainsi notre ville

suivit l'exemple de toutes les autres d'Italie, qui s'étoient déjà partagées, il y avoit long-tems, dans les factions des Gibelins & des Guelfes.

Mais il me semble qu'il ne sera pas inutile de marquer les familles qui prirent parti dans l'une & dans l'autre de ces factions. Voici donc ceux qui étoient pour les Guelfes : les Buondelmonti, les Nerli, les Rossi, les Frescobaldi, les Mozzi, les Baldi, les Polci, les Gherardini, les Toraboschi, les Bagnesi, les Guidolotti, les Sacchetti, les Magnieri, les Lucardesi, les Chiaramonti, les Gianfigliazzi, les Scali, les Guallerotti, les Importuni, les Bostichi, les Tornaquinci, les Vecchietti, les Tosinghi, les Arrigucci, les Agli, les Sitii, les Adimari, les Visdomini, les Donati, les Pazzi, les della Bella, les Ardinghi, les Thebaldi, & les Cerchi.

Ceux-ci au contraire, étoient pour les Gibelins : les Uberti Mannelli, les Ubriachi, les Fifanti, les Amidei, les Infanganti, les Malespini, les Scolari, les Guidi, les Galli, les Caprardi, les Lamberti, les Soldanierie, les Cipriani, les Toschi, les Amierie, les Palermini, les Migliorelli, les Pigli, les Barucci, les Cattoni, les Agolanti, les Brunelleschi, les Caponsachi, les Eliesei, les Abbati, les Tebal-

dini, les Guiochi, & les Galigai. Mais outre
toutes ces familles nobles, il y en eut beaucoup
de la bourgeoisie, qui se joignirent à l'un ou
à l'autre de ces partis ; desorte que toute la
Ville fut infectée de ces factions - là.

Les Guelfes étant chassés, se retirerent dans
les villages qui sont au haut du val d'Arne, où ils
avoient la plupart de leurs châteaux ; & là ils
se défendoient le mieux qu'ils pouvoient contre
leurs ennemis. Mais Frédéric étant mort, les
gens de moyenne condition, & qui avoient le
plus de crédit sur le peuple dans Florence,
jugerent qu'il valoit mieux réunir la ville, que
de la laisser périr par la division. Ils firent donc
si bien, que les Guelfes oubliant le passé, retournerent dans leur patrie, & que les Gibelins,
ne s'en défiant point, les reçurent. Étant donc
unis, ils crurent que le tems étoit venu qu'ils
pourroient se mettre en liberté, & se procurer
les moyens de se maintenir, devant que l'empereur qui devait succéder à Frédéric, pût assembler des forces. Pour cet effet, ils partagerent la ville en six quartiers, & élurent
douze citoyens, deux pour chaque quartier,
qui devoient tous ensemble gouverner la république. On leur donna le nom d'Anciens, &
on les devoit changer tous les ans. Et afin d'ôter

toutes les divisions qui pourroient survenir au sujet des procès, ils se pourvurent de deux juges étrangers, dont l'un s'appelloit le Capitaine du peuple, & l'autre Podesta ; & ces juges devoient connoître de tous les différens du peuple, tant pour le criminel, que pour le civil.

Mais parce qu'un établissement n'est pas assuré, si l'on ne pourvoit à sa défense, ils firent dans la ville vingt compagnies, à la campagne soixante-seize ; ordonnant à toute la jeunesse de s'y enrôler, & de se tenir tous armés & prêts à marcher sous leurs drapeaux, toutes les fois qu'ils seroient commandés, ou par le Capitaine, ou par les Anciens. Ils varioient aussi leurs drapaux selon la différente espece d'armes dont ils se servoient, parce que les arbalettiers avoient une enseigne d'une sorte, & ceux qui portoient des boucliers en avoient une d'une autre : & tous les ans, au jour de la Pentecôte, on donnoit de nouvelles enseignes aux nouveaux soldats, aussi bien que des officiers nonveaux ce qui se faisoit avec beaucoup de pompe. Or, afin de donner un grand air à leurs armées, & une retraite à leurs gens pour se venir mettre à couvert & r'allier, en cas qu'ils fussent repoussés dans le combat, ils avoient établi un grand char couvert de rouge , & tiré par deux bœufs , sur lequel il y avoit une enseigne blanche & rouge. Lorsqu'ils vouloient mettre l'armée en campagne , ils menoient ce char au Marché Neuf , & avec une grande pompe ils le consignoient entre les mains des chefs du peuple. Ils avoient encore une belle coutume , c'est qu'un mois devant que de battre aux champs ils sonnoient continuellement une certaine cloche destinée à cet usage , afin que l'ennemi eût le tems de se mettre sur ses gardes ; tant étoit grande alors la bonne-foi & la génèrosité de ces gens-là , qui traitoient de trahison & de fourberie d'attaquer son ennemi , & de le surprendre à l'improviste , ce qui passe aujourd'hui pour bravoure & pour prudence. Ils portoient encore en campagne cette cloche, qui servoit à faire monter la garde , & à toutes les autres factions.

C'est avec ces ordres politiques & militaires que Florence rétablit sa liberté ; & il seroit difficile de dire combien de puissance & de crédit elle acquit en peu de tems par cette couduite ; car non-seulement elle devint le chef de toute la Toscane , mais elle fut mise encore entre les premieres villes d'Italie ; & elle seroit parvenue au comble de la gloire , si les nouvelles

& les fréquentes factions ne l'avoient point déchirée. Les Florentins vécurent dix ans sous ce gouvernement, dans lesquels ils contraignirent les villes de Pistoïe, d'Arezzo, & de Sienne, à se liguer avec eux ; & comme ils revenoient du siege de Sienne, ils prirent Volterre, & détruisirent encore quelques châteaux, dont ils amenerent le habitans dans Florence. Toutes ces choses furent faites sous la conduite des Guelfes, qui avoient bien plus de crédit que les Gibelins, que le peuple n'aimoit pas, à cause de l'orgueil avec lequel ils avoient commandé pendant le regne de Frédéric II ; & aussi parce que le parti de l'église étoit plus suivi que celui de l'empire, dans l'espérance qu'ils avoient de conserver leur liberté par le secours de cette premiere puissance : au lieu que sous l'autorité de l'autre, ils appréhendoient de la perdre.

Les Gibelins voyant leur crédit tomber, ne pouvoient demeurer en repos ; & ils n'attendoient que l'occasion de reprendre l'autorité, dont ils crurent que le tems étoit venu, lorsqu'ils virent que Manfredi, fils de Frédéric, étoit devenu roi de Naples, & avoit beaucoup abbaissé l'église. Ils traitoient donc avec lui en secret, pour tâcher de rentrer dans leur premiere puissance ; mais ils ne purent si bien faire, que les Anciens ne pénétrassent leurs desseins. Dans cette vue , ils sommerent les Uberti de comparoître ; mais au lieu de le faire , ils prirent les armes , & se fortifierent dans leurs maisons ; ce qui ayant animé le peuple , il prit les armes , & à l'aide des Guelfes, il força les Gibelins de sortir de Florence avec tous leurs adhérens , & de se refugier à Sienne. De-là , ils demanderent du secours à Manfredi, roi de Naples , & Farinata Uberti eut l'adresse , avec les troupes de ce prince, de mettre les Guelfes en une si grande déroute , & avec un si grand carnage , auprès de la riviere d'Arbie , que ceux qui échaperent de cette défaite , croyant Florence perdue , se retirerent à Luques. Manfredi avoit donné pour général aux troupes qu'il envoyoit aux Gibelins, le comte Jourdan , homme alors estimé dans le métier des armes. Celui-ci après la victoire, s'en alla à Florence , qu'il réduisit entierement au pouvoir de Manfredi , cassant le magistrat, & ôtant jusqu'à la moindre marque de liberté. Cette violence, faite si mal à-propos, fit naître une horrible aversion dans l'esprit de tout le peuple contre les Gibelins, qu'ils ne regardoient auparavant que comme de simples ennemis. Les besoins du royaume de Naples, obligeant alors le comte Jourdan à y retourner, il laissa dans Florence pour vicaire royal le comte Gui Novello, seigneur de Casentino. Ce comte fit une assemblée de Gibelins à Empoli, où il fut généralement conclu, que, pour maintenir en autorité le parti des Gibelins en Toscane, il falloit détruire Florence, seule capable de rétablir le parti opposé, parce que tout son peuple en étoit. Il n'y eut que Farinata Uberti, entre tous les Unis & tous les citoyens de cette belle ville, qui s'opposât à une si cruelle sentence ; & il la défendit ouvertement & sans aucuns égards, disant, qu'il n'avoit essuyé tant de fatigues, ni couru tant de risques, que dans l'espérance de rentrer dans sa patrie, & qu'il n'étoit pas homme à refuser ce qu'il avoit cherché, & à ne vouloir pas jouir du présent de la fortune ; que même il ne seroit pas moins ennemi de ceux qui persistoient dans cette mauvaise pensée, qu'il l'avoit été des Guelfes : *& si quelques-uns de vous, dit-il, craignent leur patrie, qu'ils fassent ce qu'ils pourront pour la détruire ; car pour moi je prétens la défendre avec la même valeur dont j'en ai chassé les Guelfes.*

Farinata Uberti étoit un homme de grand courage, bien expérimenté à la guerre, chef des Gibelins, & fort estimé de Manfredi ; ainsi son autorité fit changer d'avis, & chercher de nouveaux moyens pour conserver l'Etat. Les Guelfes, qui s'étoient refugiés à Luques, se refugierent à Boulogne, étant chassés par les Luquois, qui furent obligés à cette rigueur par les menaces du comte de Boulogne. Ils furent appelés par les Guelfes de Parme contre les Gibelins ; & par leur valeur, les ayant tous vaincus, on leur donna tous leurs héritages ; de sorte qu'étant devenus puissans en richesses & en crédit, ils envoyerent des ambassadeurs au pape Clément, pour lui faire offre de leurs forces, sachant qu'il avoit fait venir Charles d'Anjou, pour déposséder Manfredi du royaume de Naples ; de sorte que le pape, non-seulement les reçut comme des amis, mais même il leur donna son enseigne, que les Guelfes ont toujours depuis portée en tems de guerre, & c'est la même dont on se sert encore aujourd'hui à Florence.

Manfredi perdit ensuite ses Etats & la vie dans la guerre que lui fit Charles d'Anjou, qui ayant aussi employé les Guelfes de Florence, le parti en devint plus considérable, & celui des Gibelins plus foible. Ainsi ceux qui gouvernoient à Florence avec le comte Novello crurent qu'il étoit à propos de gagner le peuple par des bienfaits, après l'avoir au commencement chargé & traité cruellement. S'ils eussent commencé par la douceur avant que d'y être contraints, ils en seroient venu à bout; mais en s'y prenant si tard, ils gâterent leurs affaires au-lieu de les accommoder. Pour réussir dans ce projet, ils crurent qu'ils gagneroient aisément la commune, en lui rendant la part au gouvernement qu'ils lui avoient ôtée. Ils élurent donc trente-six habitans du menu-peuple, qui, avec deux personnes de qualité, qu'on fit venir de Boulogne, devoient réformer l'Etat.

Aussi-tôt qu'ils se furent assemblés, ils partagerent toute la ville en corps de métiers, & sur chacun ils établirent un magistrat qui devoit connoître des différens qui y surviendroient. De plus ils donnerent à tous ces corps-là chacun un drapeau, afin que chaque particulier s'y rangeât en armes, toutes les fois que la ville auroit besoin de troupes. Dans le commencement ces corps de métiers furent au nombre de douze, sept grands, & cinq petits. Ces derniers se multiplierent ensuite jusqu'au nombre de quatorze; de sorte qu'ils étoient vingt-un en tout, comme ils sont encore aujourd'hui. Les trente-six réformateurs firent encore d'autres reglemens pour le bien public; pendant quoi le comte Gui commanda qu'on imposât une taille pour l'entretien des troupes : mais il y trouva tant de difficultés

qu'il ne jugea pas à propos de l'imposer par force.
S'imaginant donc avoir perdu son pouvoir, il
assembla les chefs des Gibelins, & ils résolurent ensemble d'ôter par force au peuple ce qu'ils
lui avoient donné avec si peu de prudence. Mais
lorsqu'ils crurent être en état, les trente-six s'étant
assemblés, firent donner l'allarme ; ce qui ayant
épouventé les Gibelins, ils se retirerent dans leurs
maisons, & aussi-tôt les bannieres de métiers
étant déployées, il s'y rangea une grande quantité de gens armés. Cette troupe ayant appris que
le comte Gui avec son parti étoit dans le quartier de l'église de Saint Jean, ils tournerent leur
marche vers la Trinité, ayant pris pour chef Jean
Soldanieri. D'autre côté, le comte sachant où
étoit le peuple, se mit en mouvement pour venir
à sa rencontre. Le peuple aussi ne refusa point
le combat ; mais allant au devant de l'ennemi,
& l'ayant rencontré dans l'endroit où est aujour-
d'hui la loge de Tornaquenci, ils repousserent
le comte qui y perdit beaucoup de monde : de
sorte qu'étant tout allarmé, il craignoit que la
nuit les ennemis ne l'attaquassent & ne le tuas-
sent, voyant ses gens battus & inutiles au combat.
Cette peur lui fit tant d'impression, qu'il aima
mieux se sauver par une honteuse fuite, que de
chercher aucun autre remede ; ainsi contre l'avis

dès chefs de son parti , il se retira la nuit à Prato avec tout son monde. Mais si-tôt qu'il se vit en lieu de sûreté , sa terreur se dissipa , & il reconnut sa faute ; & voulant la corriger le matin dès que le jour fut venu , il retourna avec ses troupes à Florence , pour y regagner par force ce qu'il y avoit perdu par la lâcheté : mais il ne réussit pas dans cette expédition ; car le peuple qui auroit eu de la peine à le chasser , n'en eut pas à l'empêcher d'entrer. Étant donc couvert de honte & abbattu de chagrin , il s'en alla à Casentino , & les Gibelins retournerent dans leurs villages.

Le peuple ayant eu le dessus par le conseil de ceux qui aimoient le bien public , il délibéra de réunir tous les habitans , & de rappeller tous ceux qui étoient sortis , tant Guelfes que Gibelins. Les Guelfes retournerent donc six ans après avoir été chassés , & on pardonna encore aux Gibelins tout ce qu'ils venoient de faire. Nonobstant cela , ils ne laissoient pas d'être en aversion au peuple & aux Guelfes , parce que ces derniers ne pouvoient oublier qu'ils avoient été bannis , & le peuple se souvenoit toujours de leur tyrannie pendant qu'ils avoient gouverné ; ainsi l'esprit de division demeuroit toujours chez les uns & chez les autres.

Pendant qu'on vivoit sur ce pied-là à Florence, il courut un bruit que Curradin, neveu de Manfredi, venoit d'Allemagne avec des troupes pour conquérir le royaume de Naples; ce qui fit concevoir l'espérance aux Gibelins de se remparer du gouvernement : & les Guelfes, d'autre côté, pensant à se mettre à couvert de leurs ennemis, demanderent au roi Charles du secours pour pouvoir se défendre contre Curradin, lorsqu'il passeroit. Les troupes de Charles, étant arrivées, rendirent les Guelfes si insolens, & les Gibelins si abbatus, que deux jours devant qu'elles entrassent ils sortirent tous de la ville sans que personne les chassât. Quand ils furent dehors, les Florentins firent de nouveaux ordres pour le gouvernement, & élurent douze chefs qui devoient être magistrats pendant deux mois; & ils ne les appellerent plus anciens, mais les bons hommes. Apres ceux-là ils firent un conseil de quatre-vingt bourgeois qu'ils appelloient du nom de Crédence (1). Ensuite ils en firent encore un autre, composé de cent quatre-vingt hommes, choisis d'entre le menu-peuple, c'est-à-dire,

---

(1) C'est comme qui diroit confiance, crédit, parce qu'on se confioit et se reposoit sur leur conduite.

qu'on en choisissoit trente dans chaque quartier. Tous ces conseils joints ensemble composoient le grand conseil, ou le conseil général. Ils établirent encore un conseil de six-vingt, composé d'artisans, de bourgeois & de nobles. C'étoit celui qui régloit toutes les affaires délibérées dans les autres conseils, & qui distribuoit toutes les charges de la république.

Quand ce gouvernement fut établi, l'on fortifia encore le parti des Guelfes de magistratures & d'autres charges, afin qu'ils fussent plus en état de se défendre contre les Gibelins dont ils partagerent les biens en trois parties : la premiere fut confisquée au profit du public ; la seconde fut assignée au magistrat du parti, appellé les capitaines ; & la troisieme fut adjugée aux Guelfes pour les dédommager des pertes qu'ils avoient faites. Le pape aussi pour tenir toujours la Toscane dans le parti des Guelfes, fit le roi Charles d'Anjou vicaire de l'Empire dans cette province.

Les Florentins se maintenant donc dans ce gouvernement en paix au-dedans par leurs bons reglemens, & en réputation au-dehors par leurs bonnes troupes, le pape vint à mourir ; & après des contestations qui durerent deux ans, Gré-

goire X fut élu ; & comme il avoit été long-tems
en Syrie où il étoit même encore dans le tems
de son élection, il n'avoit point l'esprit de parti,
& n'en fesoit pas la même estime que faisoient
ses prédécesseurs. Ce pontife étant venu à Florence pour passer en France, il crut qu'il étoit
du devoir d'un bon pasteur de remettre l'union
dans la ville, & il fit tant, que les Florentins
voulurent bien recevoir les syndics (1) des Gibelins , pour aviser aux moyens de les faire
retourner dans leur patrie ; & quoique l'accommodement se conclût, les Gibelins étoient pourtant si épouvantés , qu'ils ne voulurent pas y
revenir : dont le pape irrité en donna la faute à
la ville, l'excommunia, & la laissa dans l'interdit
pendant qu'il vécut ; mais après sa mort, le pape
Innocent V la rebénit.

Nicolas III, de la maison des Ursins , étant
parvenu au pontificat , comme les papes craignoient toujours celui qui étoit puissant en
Italie , quoiqu'il ne le fût devenu que par la
faveur de l'église, ils cherchoient aussi les moyens
de l'humilier , & c'est ce qui foisoit naître dans

____

(1) Ce sont proprement, en langue Toscane, des
procureurs ou agens d'une société.

ces pays-là tant de troubles & tant de changemens ; car la peur que leur donnoit un État puissant leur en faisoit élever un plus foible, qui à son tour s'étant accru, donnoit de l'ombrage, & par conséquent, faisoit naître la pensée de l'abbaisser. Ce fut la raison qui fit perdre le royaume de Naples à Manfredi, & qui le fit conquérir par Charles. Ce dernier ayant aussi donné de l'ombrage, fit recourir aux moyens de le perdre. Nicolas III étant donc poussé par ces motifs, fit tant que l'empereur dépouilla le roi Charles du gouvernement de la Toscane, & le pape y envoya son Légat Messire Latino pour régir la province au nom de l'empereur.

Florence étoit alors en assez méchant état, parce que la noblesse Guelfe étoit devenue insolente, & ne craignoit point le magistrat : de sorte que tous les jours il se faisoit des assassinats & d'autres violences, sans que ceux qui les faisoient fussent châtiés, parce qu'ils étoient protégés par quelqu'un de la noblesse. Les chefs donc du peuple, voulant refréner ces insolences, crurent qu'il seroit à propos de rappeller les bannis ; ce qui donna lieu au Légat de réunir la ville, & au-lieu de douze gouverneurs, on en établit quatorze, sept de chaque parti qui devoient gouverner un an, & être choisis par le pape.

H 2

Florence demeura deux ans dans ce gouvernement, jusqu'à ce que le Papat étant entre les mains de Martin, Français de nation, il rendît au roi Charles tout le pouvoir que Nicolas lui avoit ôté. Ainsi les factions se réveillerent en Toscane, parce que les Florentins prirent les armes contre le gouverneur de la part de l'empereur ; & afin de chasser des charges les Gibelins, & tenir en bride la noblesse, ils établirent une nouvelle forme de gouvernement.

On étoit alors dans l'année mil deux cent quatre-vingt-deux, & les corps de métiers se faisoient considérer quand ils eurent entre leurs mains, & la magistrature & leurs étendarts. Ainsi par leur autorité, au-lieu des quatorze, dont nous venons de parler, ils créerent trois habitans, à qui ils donnerent le nom de prieurs qui devoient gouverner la république deux mois durant, & pourvu qu'on fût marchand ou artisan, on y pouvoit entrer ; soit qu'on fût de haute ou de basse naissance. Après cela, ils augmenterent ce nombre de trois autres, afin qu'ils y eût un de chaque quartier de la ville, & cet ordre dura jusqu'en l'an mil trois cent quarante-deux, qu'ils partagerent la ville en quatre parties, & firent neuf prieurs, quoique de tems en tems, selon les conjonctures, ils en créassent quelquefois jusqu'à douze. Cette sorte de magistrat fut avec le tems la ruine de la noblesse, parce qu'elle en fut excluse par le peuple sur différens accidens; & enfin elle en fut ôtée sans aucune considération & cela parce que dans les com-mencemens les nobles eux-mêmes donnoient les mains à cet éloignement étant désunis entr'eux; car voulant se ruiner les uns aux autres, ils le furent à la fin tous.

On donna à ce magistrat un palais pour y demeurer; car jusqu'alors tous les conseils s'étoient assemblés dans les églises; & pour lui faire plus d'honneur, on lui donna encore des sergens & d'autres officiers. Et quoiqu'au commencement on ne leur donnât que le titre de prieurs, dans la suite on y ajouta celui de seigneurs, afin de leur attirer plus de respect.

Les Florentins furent tranquilles chez eux pendant quelque tems, dans lequel ils firent là guerre contre ceux d'Arezzo, qui avoient chassé les Guelfes, & eurent le bonheur de les battre à Campaldino; & la ville augmentant en peuple & en richesses, ils en élargirent aussi le circuit de la grandeur qu'on la voit aujourd'hui, n'ayant de diamètre que l'étendue qui est depuis le vieux pont jusqu'à Saint Laurent.

La paix au-dedans & la guerre au-dehors avoient

comme éteint les factions Guelfe & Gibeline dans
Florence , & il n'y avoit de ressentiment & de
chagrin que celui qui se trouve naturellement dans
toutes les villes entre les plus petits & les plus
grands , parce que le peuple voulant qu'on ob-
serve les lois , & les grands voulant se mettre
au-dessus , ces deux ordres ne peuvent jamais être
bien unis ensemble. Tant qu'on appréhenda les
Gibelins , cette mauvaise disposition ne parut
point ; mais dès que cette faction fut abbattue ,
alors ce levain parut : car il ne se passoit point
de jour que quelqu'un du peuple ne fût insulté ,
& les lois , ni le magistrat n'avoient pas assez de
vigueur pour en faire justice , parce qu'un homme
de qualité étant appuyé de ses parens & de ses
amis , se garantissoit du pouvoir des prieurs &
du capitaine. Les chefs des métiers voulant donc
remédier à cet abus , établirent pour regle que
chaque seigneurie entrant en magistrature , eût
à créer un Gonfalonier de justice (1) , pris
d'entre le peuple qui devoit avoir sous lui vingt
compagnies enrôlées , faisant mille hommes ; &
cet officier devoit soutenir la justice avec ses

______

(1) Ce terme italien veut dire un homme qui porte
l'étendart ; et ici il signifie le protecteur de la justice.

gens armés & rangés sous son étendart , toutes les fois qu'il en seroit requis , ou par les prieurs , ou par le capitaine.

Le premier qui fut choisi pour cette charge, fut Ubaldo Ruffoli. Celui-ci ayant déployé l'enseigne , détruisit la maison Galletti , parce qu'un gentilhomme de cette maison avoit tué en France un homme du peuple. Il fut aisé aux corps de métiers de faire ce réglement voyant les grandes divisions qui regnoient parmi la noblesse : mais devant que d'avoir fait réflexion à cet ordre qu'on avoit fait contr'elle, elle en sentit le coup par cette exécution. D'abord, cela leur imprima de la terreur ; mais peu de tems après ils retomberent dans leur première insolence , parce que comme il y avoit toujours quelqu'un de leur corps parmi ces magistrats qu'on appelloit les seigneurs prieurs , comme nous venons de dire , ceux-là trouvoient les moyens d'empêcher le Gonfalonier de faire sa charge. De plus l'accusateur ayant besoin de témoins lorsquil avoit sujet de faire des plaintes, il ne se trouvoit personne qui en voulût servir contre des nobles ; ainsi peu de tems après, Florence fut remplie des mêmes divisions qu'auparavant, & le peuple fut encore maltraité par les plus puissans : car les jugemens

H 4

étoient lents , & quand les sentences étoient rendues on ne les mettoit point à exécution.

Le peuple ne sachant donc plus à qui avoir recours, *Jean della Bella* , homme de la premiere qualité , mais amateur de la liberté de la république, encouragea les chefs des métiers à entreprendre la réformation de l'État : & suivant son avis, on établit que le Gonfalonier demeureroit avec les prieurs , & auroit quatre mille hommes sous son commandement. Il établit encore qu'aucun gentilhomme ne pourroit être au corps des seigneurs ; *que ceux qui protégeroient un criminel seroient soumis à la même peine que le criminel même , & que le bruit commun suffiroit pour lui faire son procès.* Ces loix qu'on appelle les reglemens de la justice rétablirent le peuple dans son autorité. Mais Jean della Bella s'attira par - là beaucoup d'aversion de la part des nobles, comme ayant renversé leur autorité : les gens du peuple même qui étoient riches lui portoient envie, parce qu'ils trouvoient qu'il avoit trop de pouvoir , comme cela parut à la premiere occasion. Le hazard voulut donc qu'un homme du peuple fut tué dans cette émeute, où plusieurs nobles intervinrent : & entre ceux-là , Corso Donati s'y étant trouvé, on le chargea du crime comme étant le plus hardi de tous. Il fut pris par le

capitaine du peuple ; & de quelque maniere que
cela se passât , soit que Donati fût innocent ,
soit que le capitaine craignît d'en faire justice ,
enfin il fut relâché. Ce relâchement irrita tellement le peuple , qu'ayant pris les armes , il courut chez Jean della Bella , le supplier d'être le
protecteur des loix qu'il avoit lui-même établies.
Della Bella qui vouloit que Donati fût châtié ,
ne fit point mettre bas les armes au peuple ,
comme plusieurs croyoient qu'il dût faire ; mais
il leur conseilla d'aller vers les seigneurs prieurs
faire leurs plaintes & les supplier d'y avoir égard ,
en faisant justice de ce désordre. Le peuple outré
de cette réponse , parce qu'il lui sembloit que le
capitaine l'avoit offensé, & que della Bella l'aban-
donnoit , au-lieu d'aller vers les seigneurs , s'en
alla au palais du capitaine , où il entra & le
pilla. Cette action déplut à toute la ville, & ceux
qui cherchoient à perdre della Bella l'accusoient
de cette émeute, & en jettoient toute la faute sur
lui : de sorte que parmi les seigneurs qui entrerent en charge à leur tour , il s'y en trouva un
de ses ennemis qui le fit accuser auprès du capitaine, comme ayant excité une sédition parmi le
peuple : & pendant qu'on instruisoit son procès,
le peuple ayant pris les armes , alla à son palais
lui offrir son service contre les seigneurs ses

ennemis. Della Bella ne voulut point se confier
à cette faveur populaire , ni commettre sa tête
au pouvoir du magistrat dont il craignoit la
malignité , aussi-bien que la légereté du peuple :
de sorte que pour ôter les moyens à ses ennemis
de le perdre , & à ses amis ceux de troubler la
patrie , & par conséquent , d'augmenter la ja-
lousie qu'on avoit déjà contre lui , il résolut de
se retirer , afin d'effacer les soupçons que ses
compatriotes avoient de sa conduite ; & il sortit
par un exil volontaire hors d'une ville qu'il avoit
affranchie de la tyrannie des grands , en s'expo-
sant à mille peines & à mille dangers.

Après ce départ , la noblesse rentra dans
l'espérance de reprendre sa premiere autorité ;
& jugeant que tout le mal n'étoit venu qus de
leurs divisions , ils se réunirent tous , & députerent deux de leur corps à la seigneurie , qu'ils
crurent leur être favorable , & la supplierent
d'adoucir un peu la rigueur des loix faites contre
eux. Mais si-tôt que le peuple eut le vent de
cette requête , cela le mit en émeute , parce qu'il
appréhendoit que la seigneurie n'y acquiesçât :
ainsi l'ambition de la noblesse & la crainte du
peuple firent prendre les armes de part & d'autre.
Les nobles se fortifierent en trois endroits ; à
St-Jean , au Marché-neuf & à la place de Mozzi ,

ayant trois chefs, qui étoient Farese Adimari,
Vanni de Mozzi & Geri Spini. Le peuple étant
en grand nombre sous ses étendarts, s'assembla
auprès du palais des seigneurs qui demeuroient
alors proche de St-Procul. Or, parce que le
peuple soupçonnoit ces seigneurs, il députa six
bourgeois pour gouverner avec eux. Comme on
étoit près d'en venir aux mains quelques particuliers du corps du peuple, & d'autres de celui
de la noblesse avec quelques religieux, dont la
vie étoit édifiante, se mirent entre les deux
partis, pour les obliger à faire la paix. Ils disoient
aux nobles : » Que leur orgueil & leur gouver-
» nement tyrannique étoit cause qu'on leur avoit
» ôté les charges & fait des loix contr'eux ; &
» qu'à-présent, en prenant les armes pour regagner
» par la force ce qu'ils avoient perdu par leur
» ambition, ils marquoient qu'ils vouloient perdre
» leur patrie & empirer leur condition ; qu'au
» reste ils se souvinssent que le peuple les sur-
» passoit beaucoup en nombre, en richesses &
» en animosité ; & que la naissance qui étoit le
» seul avantage qu'ils eussent sur eux, étoit une
» arme fort inutile contre l'épée, & qu'elle ne
» les couvriroit nullement contre tant d'ennemis «.
Ils disoient d'ailleurs au peuple : » Qu'il n'est
» pas de la prudence de vouloir pousser les choses

» à bout, & qu'il ne faut jamais désespérer les
» gens, parce que, dès qu'on n'espere plus de bien,
» on ne craint plus le mal ; qu'ils fissent réflexion
» que c'étoit la noblesse, qui, dans la guerre,
» avoit rendu l'Etat glorieux ; & qu'ainsi il étoit
» injuste de la persécuter avec tant d'animosité,
» puisqu'elle vouloit bien n'entrer pas dans la
» souveraine magistrature ; mais qu'elle ne pou-
» voit souffrir qu'il fût au pouvoir du premier
» venu de leur faire déserter la ville par le moyen
» des nouvelles loix ; qu'il étoit de l'équité d'en
» adoucir la sévérité, & d'obliger par la douceur
» ce corps à mettre bas les armes : qu'au reste
» ils ne devoient point trop faire de fond sur
» leur grand nombre, puisqu'on avoit vu souvent
» les petites armées battre les grandes «.

Les avis étoient partagés parmi le peuple. Le
plus grand nombre vouloit décider l'affaire à coups
d'épée, disant : » Qu'il y faudroit enfin venir
» un jour, & qu'il valoit mieux le faire dès-à-
» présent, que d'attendre que leurs ennemis
» fussent devenus plus puissans : car, disoient-ils,
» si l'on pouvoit s'assurer qu'en adoucissant les
» loix ils dussent demeurer dans le devoir, il
» seroit fort raisonnable de mettre bas les armes ;
» mais cette sorte de gens a naturellement tant
» d'orgueil, qu'ils ne céderont jamais rien qu'à

» la force «. Les autres qui étoient plus sages, & d'un esprit plus modéré, disoient : » Que ce » n'étoit pas une grande affaire d'adoucir les loix, » mais qu'il étoit de la derniere conséquence d'en » venir aux mains «. Ainsi leur avis l'emporta, & il fut arrêté » que desormais il faudroit avoir » des témoins lorsqu'on formeroit des accusations » contre les nobles «.

On mit bas les armes ; mais on conserva son ressentiment dans chaque parti, qui de part & d'autre se fortifioit, & par des munitions, & par des places fortes. Le peuple réforma le gouvernement en réduisant la seigneurie à un nombre plus petit, parce que quelques-uns d'entr'eux avoient soutenu le parti de la noblesse. Les principaux de ce conseil étoient Manchini, Magalotti, Altoviti, Peruzzi & Cerretani. Le gouvernement étant réglé, on fonda en mil deux cent dix-huit un palais pour les seigneurs, afin qu'ils fussent logés plus splendidement & plus surement. On y fit aussi une place, en rasant les maisons qui appartenoient autrefois aux Uberti.

Dans ce même tems on bâtit des prisons publiques ; & tous ces édifices furent achevés en fort peu d'années, & jamais Florence ne fut si florissante qu'elle l'étoit alors, étant remplie

de richesse & de gloire. Il y avoit dans la ville
trente mille hommes capables de porter les armes,
& soixante-dix mille dans la campagne. Toute
la Toscane dépendoit de cette république, où
comme vassaux, ou comme alliés. Et quoiqu'il
restât toujours quelque levain entre le peuple
& la noblesse, cela n'avoit aucune suite fâcheuse,
& chacun vivoit dans une paix profonde, qui
eut toujours durée, si elle n'eût point été troublée
au - dedans par de nouvelles mesintelligences,
puisqu'à l'égard du dehors il n'y avoit rien à
craindre : car la ville étoit si puissante, qu'elle
ne craignoit plus ni l'empire ni les bannis ; &
du reste elle pouvoit tenir tête à tous les Etats
d'Italie. Cependant le mal qu'elle n'appréhendoit
pas du dehors lui fut causé par ceux du dedans.

Il y avoit dans Florence deux familles très-
puissantes l'une & l'autre, en richesses, en
noblesse & en vassaux. L'une étoit des Donati,
l'autre des Cerqui. Comme ils étoient voisins,
& en ville & à la campagne, il y avoit eu entr'eux
quelques brouilleries, mais qui n'étoient pas assez
fortes pour les obliger d'en venir aux mains : &
peut-être cela n'eut-il rien été, si de nouvelles
occasions n'eussent point augmenté les mauvaises
humeurs. Il y avoit entre les premieres maisons
de Pistoïe celle des Cancellieri. Or, il arriva

que Lore fils de Guillaume Cancellieri, & Geri
fils de Bertaccio de la même maison, jouaient
ensemble, & comme ils eurent quelque différent,
Lore blessa legerement Geri dans la dispute. Cela
chagrina le pere de Lore, qui croyant remédier
à ce mal par la soumission, il l'augmenta : car
ayant commandé à son fils d'aller trouver le pere
du blessé & lui demander pardon, cette honnêteté
n'adoucit point Bertaccio ; au contraire, ayant
fait prendre Lore par ses gens, il lui fit couper
la main dans une écurie, afin de lui marquer
davantage de mépris, & lui dit : » Retourne
» chez ton pere, & dis-lui que les blessures se
» doivent venger avec le fer, & que les paroles
» ne les guérissent pas «. Cette barbarie outra
le pere de Lore à tel point, qu'il fit armer
tout son monde pour en tirer raison. Bertaccio
en fit autant pour n'être pas surpris au dépourvu,
& la division passa de cette maison dans toute
la vié, qui se partagea sur ce différent. Du côté
paternel ces Cancellieri-là descendoient bien tous
d'une même tige ; mais un de leurs ancêtres
épousa deux femmes, & eut des enfans de toutes
deux. L'une d'elles ayant nom Blanche, tous
ceux qui en venoient prirent le surnom de
Blancs ; & le parti opposé prit celui de Noirs.
A la suite du tems il y eut entr'eux beaucoup

de combats, dont s'ensuivit la mort de bien des gens & la ruine de plusieurs familles. Or, ne pouvant pas s'accorder, quoique lassés de tant de discordes, ils souhaitoient de les finir ou de les augmenter, en y engageant d'autres gens : c'est ce qui les fit venir à Florence ; & les Noirs étant joints d'amitié avec les Donati, Corso Donati, chef de la maison, les favorisa ; ce qui fit que les Blancs, pour avoir aussi un puissant appui, s'attacherent à Veri de Cerqui, homme qui, de quelque côté qu'on le regardât, ne le cédoit en rien à Donati.

Ces mauvaises dispositions étant venues de Pistoïe, augmenterent encore l'ancienne aversion que les Cerqui & les Donati avoient les uns pour les autres ; ce qui éclatoit déjà si fort, que les bons citoyens & les prieurs mêmes, appréhendoient qu'ils n'en vinssent aux armes, & qu'ensuite cela ne mît toute la ville en combustion. C'est ce qui les fit recourir au pape, le suppliant de remédier par son autorité à un mal, qu'ils n'avoient pas le pouvoir de prévenir. Le pape fit venir Cerqui à Rome, & lui ordonna de s'accommoder avec Donati. A quoi Cerqui répondit : *Que cela le surprenoit n'ayant aucun différent avec Donati ; & puisqu'un accommodement présupposoit une rupture, il ne savoit*

savoit pas, disoit-il, à quoi il étoit bon ici, puisqu'ils n'avoient point rompu l'un avec l'autre. Cerqui étant donc de retour de Rome, l'animosité alla si loin de part & d'autre, que la moindre occasion la pouvoit faire éclater, comme il arriva ensuite. On étoit alors au mois de Mai, & c'est la coutume à Florence de faire dans ces jours-là des réjouissances publiques. Quelques jeunes gens donc de la maison Donati, accompagnés de leurs amis, & tous à cheval, s'arrêterent auprès de la Trinité à voir danser des femmes. Il y en vint aussi quelques-uns de la maison de Cerqui, accompagnés de beaucoup de gentilshommes ; & ne reconnoissant pas les Donati qui étoient devant, la curiosité leur fit pousser leurs chevaux pour voir ce qui se passoit plus avant, & en allant ils heurterent contre les Donati, qui, s'en tenant piqués, mirent l'épée à la main : à quoi les Cerqui répondirent vigoureusement ; & après plusieurs coups de part & d'autre ils se séparerent.

Ce désordre fut l'origine de beaucoup de maux ; car toute la ville se divisa, tant les petits que les grands, & les factions prirent chacune le nom de Blancs & de Noirs. Les chefs du parti des Blancs étoient les Cerqui, auxquels se joi-

gnirent les Adimari, les Abbati, une partie des
Tosinghi, des Bardi, des Rossi, des Frescobaldi,
des Nerli & des Mannelli, tous les Mozzi, les
Scali, les Gherardini, les Cavalcanti, les Malespini, les Bostichi, les Giandonati, les Vecchietti
& les Arriguzzi. Outre cela plusieurs familles
du peuple & tous les Gibelins se joignirent à
eux : de sorte que, dans le grand nombre qui
les suivoit, ils avoient presque toute la magistrature de leur côté. Les Donati, d'autre part,
étoient chefs du parti des Noirs, à qui s'étoit
joint une partie des familles.qui ne s'étoient pas
données toutes entieres aux Blancs ; & outre
cela ils avoient encore avec eux tous les Pazzi,
les Bisdomini, les Manieri, les Bagnesi, les
Torraquinci, les Spini, les Buondelmonti & les
Gianfigliazzi. Toute cette division n'avoit pas
seulement infecté la ville, elle s'étoit même encore
répandue sur toute la campagne : de sorte que
les chefs & tous ceux qui aimoient les Guelfes
& la république, avoient grand'peur que cela
ne réveillât le parti des Gibelins, avec risque
de perdre l'Etat. Ils envoyerent donc encore
des députés au pape Boniface, afin qu'il cherchât
quelque expédient pour empêcher qu'une ville,
qui avoit toujours été le rempart de l'Eglise,
ne pérît ou ne devînt toute Gibeline. Le pape

envoya donc à Florence pour légat le cardinal d'Acquasparta, qui, trouvant beaucoup de difficultés de la part des Blancs, parce qu'étant les plus forts ils avoient moins à craindre, sortit de la ville, & la mit sous l'interdit : de sorte qu'elle se trouva encore en plus grand désordre après son départ, qu'elle n'étoit avant sa venue.

Tous les esprits étant donc échauffés, il arriva que plusieurs des Cerqui & des Donati, s'étant trouvés ensemble à un enterrement, eurent des paroles les uns avec les autres : de-là ils en vinrent à mettre l'épée à la main ; mais il n'y eut alors que du bruit. Chacun étant donc retourné chez soi, les Cerqui firent la résolution d'attaquer les Donati ; & pour cet effet ils allerent les trouver en grosse troupe : mais par la valeur de Corso Donati, ils furent repoussés, & plusieurs d'entr'eux blessés. Toute la ville étoit en armes ; le magistrat & les loix le cédoient à la violence des plus puissans ; les plus sages & les mieux intentionnés des citoyens vivoient dans de grandes appréhensions des suites ; les Donati & leur parti étant les moins forts craignoient plus que les autres : afin donc de donner ordre à leurs affaires, Corso Donati & les autres chefs des Noirs, avec les capitaines du parti, demeurerent d'accord de demander au pape un prince de sang royal pour venir réformer l'Etat de Florence, espérant par ce moyen d'avoir de l'avantage sur les Blancs. Cette assemblée & cette résolution fut rapportée aux seigneurs, & taxée par les autres partisans de conjuration contre la liberté publique : & les deux partis étant en armes, les seigneurs (du nombre desquels étoit alors le poëte Dante) étant conseillés & encouragés par lui, firent armer le peuple, auquel se joignirent bien des gens de la campagne, & forcerent ensuite les chefs de parti à quitter les armes, ayant relegué Corso Donati & beaucoup de ses partisans. Et afin de faire voir qu'ils ne prenoient point parti dans ces différens, ils releguerent aussi quelques adhérens au parti des Blancs, qui retournerent bientôt dans la ville, sous des prétextes honnétes. Donati & son parti croyant alors le pape dans leurs intéréts, allerent à Rome ; & par leur présence ils porterent sa Sainteté à faire ce qu'ils l'avoient déjà suppliée par écrit.

Charles de Valois, frere du roi de France, étoit alors à la cour de Rome, parce que le roi de Naples l'avoit sollicité de venir en Italie pour passer en Sicile. Le pape étant donc fort sollicité par les Florentins réfugiés voulut bien laisser aller ce prince à Florence, quand la saison

d'aller sur mer seroit venue. Charles vint donc
à Florence, & quoique les Blancs, qui étoient
maîtres alors du gouvernement, le tinssent pour
suspect ; cependant comme il étoit chef des
Guelfes, & envoyé par le pape, ils n'oserent
pas l'empécher de venir : mais afin de le gagner,
ils lui donnerent tout pouvoir de disposer de la
ville, selon son bon plaisir. Charles étant donc
revêtu de cette autorité, fit armer tous ses
partisans ; ce qui donna tant d'appréhension au
peuple de perdre sa liberté, que chacun s'arma,
& se tint dans sa maison, pour être prêt à se
défendre au premier mouvement.

Les Cerqui & les chefs des Blancs ayant été
quelque tems puissans dans le gouvernement,
& s'y étant comportés avec beaucoup d'orgueil,
ils étoient devenus l'objet de l'aversion publique.
C'est ce qui donna courage à Corso & autres
du parti des Noirs, qui étoient relégués, de
venir à Florence, sachant sur-tout qu'ils seroient
appuyés de Charles & des capitaines du parti.
Et pendant que la ville, qui se défioit du prince
Charles, étoit sous les armes, Corso Donati
avec tous les relégués & plusieurs autres qui le
suivoient, entrerent dedans sans trouver la moindre
résistance : & quoique Veri de Cerqui fut con-
seillé d'aller à sa rencontre, il n'en voulut rien

faire, disant *que c'étoit au peuple contre qui il venoit de le châtier.* Mais il arriva le contraire ; car le peuple au-lieu de lui faire un crime le reçut à bras ouverts ; de sorte que Cerqui fut obligé de s'enfuir afin de se sauver, parce que Corso ayant forcé la porte des Pinti, se mit en ordre de bataille à St-Pierre majeur, lieu qui étoit proche de sa maison, où ayant rassemblé ses amis & bien du peuple, qui court toujours à la nouveauté, la premiere chose qu'il fit fut de délivrer tous les prisonniers; ensuite il cassa les seigneurs, les renvoyant chacun chez soi ; & cinq jours durant il pilla les plus considérables du parti des Blancs.

Les Cerqui & les autres chefs de leur parti, s'étoient retirés hors de la ville, dans des lieux fortifiés, parce qu'ils voyoient que Charles leur étoit contraire, aussi-bien que la plus grande partie du peuple ; & au commencement n'ayant pas voulu suivre les conseils du pape, ils furent enfin forcés de recourir à lui, pour lui demander du secours, en lui représentant que Charles au-lieu de réunir l'Etat le divisoit ; de sorte que le pape y renvoya encore son légat Acquasparta, qui remit bien ensemble les Cerqui & les Donati, & fortifia cet accommodement par plusieurs mariages qu'ils firent entre les deux partis, voulant outre cela que les Blancs eussent part au gouvernement ; mais les Noirs, qui en étoient les maîtres, ne voulurent pas y consentir : de sorte que le légat s'en alla aussi mécontent, & autant en colere que la premiere fois.

Cependant l'un & l'autre parti demeura dans Florence, mais assez mécontens tous deux. Les Noirs voyant les Blancs si près d'eux, appréhendoient qu'ils ne rentrassent dans les charges, & ne reprissent leur premiere autorité à leur préjudice. A ces deux craintes & à ces soupçons on ajouta de nouvelles insultes ; car, comme Nicolas de Cerqui alloit à sa maison de campagne avec beaucoup de ses amis, lorsqu'il fut arrivé au pont sur l'Afrique, il fut attaqué par Simon, fils de Corso Donati. Le combat fut rude & la suite sanglante, Nicolas de Cerqui ayant été tué, & Simon Poneti tellement blessé qu'il en mourut la nuit suivante.

Cet accident mit encore toute la ville en trouble, & quoique le parti des Noirs eût tort, ils étoient néanmoins protégés par ceux qui gouvernoient. Et comme l'on n'avoit point encore rendu de jugement, on découvrit une conjuration que les Blancs tramoient avec un des barons du prince Charles, nommé Pierre Ferant, par le moyen duquel ils travailloient à rentrer dans le gouvernement. Cela fut découvert par des lettres interceptées, que les Cerqui écrivoient à ce baron. Il y en eut néanmoins qui crurent que les Donati avoient fait jouer cette mine, afin de mettre à couvert leur honneur, à qui ils avoient fait une grande bréche par la mort de Nicolas de Cerqui. Mais avec tout cela les Cerqui & leurs partisan furent relégués, leurs biens confisqués & leurs maisons rasées. Le poëte Dante fut du nombre de ces malheureux.

Tous ces pauvres bannis s'épandirent en différens lieux avec plusieurs Gibelins qui s'étoient joints à eux, cherchant par de nouvelles peines une nouvelle destinée. Le prince Charles, après avoir exécuté sa commission à Florence, s'en retourna vers le pape pour poursuivre son entreprise sur la Sicile, dans laquelle il ne se conduisit pas avec plus de prudence, ni de bonté, qu'il avoit fait à Florence : de sorte qu'il s'en retourna en France avec perte de plusieurs des siens & blâmé de tout le monde.

Après que ce prince fut parti de Florence, on y vivoit assez en repos. Il n'y avoit que Corso Donati qui y étoit inquiet, parce qu'il ne croyoit pas tenir dans l'Etat le rang qu'il s'imaginoit lui être dû : au contraire, comme le gouvernement étoit populaire, il voyoit la république administrée par des gens fort au-dessous de lui. Etant donc rongé de sa passion, il cherche d'en cacher le poison par un prétexte honnête, en calomniant plusieurs citoyens qui avoient manié les finances de l'Etat, & en les accusant d'en avoir profité ; ajoutant *qu'il falloit les leur faire rendre & les châtier.* Plusieurs qui avoient le même dessein que lui, entrerent dans cette route ; & d'autres encore, qui croyoient bonnement que Donati agit par l'amour de la patrie, se joignoient à ceux-là. D'autre côté, les citoyens accusés, étant aimés du peuple, se défendoient bien, & la pique passa si avant, qu'après les discours on en vint aux armes.

D'un côté, il y avoit Corso Donati & Lottieri, évêque de Florence, avec plusieurs personnes de qualité, & quelques particuliers d'entre le peuple ; de l'autre, il y avoit les seigneurs avec la plus grande partie du peuple : de sorte qu'il se donnoit des combats en plusieurs quartiers de la ville. Les seigneurs, voyant le péril où ils étoient, envoyerent demander du secours à Luques ; & tout-d'un-coup la ville fut remplie de Luquois. Par ce moyen les choses s'accommoderent & le tumulte cessa, le peuple conservant sa liberté, mais sans punir l'auteur de la sédition.

Le pape ayant entendu parler des divisions de Florence, y avoit envoyé un légat nommé Nicolas du Prat, qui, étant un homme de grande réputation, par son rang, son savoir & son honnêteté, acquit incontinent tant de crédit, qu'il se fit donner le pouvoir de fixer le gouvernement comme il le jugeroit à propos. Et parce qu'il étoit Gibelin, il avoit envie de rétablir les bornes de ce parti-là. Mais auparavant il voulut gagner le peuple ; & pour cet effet, il remit sur pied les anciennes compagnies. Cet établissement releva les petits & abaissa les grands. Le légat croyant donc être bien dans l'esprit du peuple, pensa à faire rentrer les bannis, & comme il cherchoit divers expédiens, dont pas un ne lui réussit, il devint si suspect qu'il fut contraint de partir ; & outré de colere il s'en retourna vers le pape, laissant Florence excommuniée & pleine de confusion.

. La ville n'étoit pas troublée seulement par deux partis opposés, mais par plusieurs joints ensemble, puisqu'il y avoit le parti du peuple & celui de la noblesse ; celui des Blancs & celui des Noirs ; & enfin il y avoit encore celui des Guelfes & celui des Gibelins. Florence étant toute en armes, il s'y donnoit tous les jours des combats, parce [que beaucoup de mécontens tenoient le parti du légat, souhaitant de faire rentrer les bannis. Les premiers qui exciterent ce trouble, furent les Médicis & les Giugni, qui s'étoient déclarés au légat en faveur des bannis : ainsi l'on se battoit en plusieurs quartiers de la ville. A tous ces fléaux se joignit encore celui du feu, qui prit d'abord vers le jardin de St-Michel, dans la maison des Abbati ; de-là il passa dans celles des Caponsacchi, & les consuma avec celles des Macci, des Amieri, des Tosqui, des Cipriani, des Lamberti, des Cavalcanti, & tout le Marché-neuf ; de-là il passa à la porte Ste-Marie, qu'il brûla entierement : & tournant par le pont-vieux, il consuma encore les maisons des Gherardini, des Pulci, des Amidei, & des Lucardesi. Outre toutes celles-là, il en fut brûlé une si grande quantité d'autres, que le nombre montoit à mille trois cents & plus.

Plusieurs croyoient que ce feu prit par hazard pendant qu'on se battoit. D'autres assuroient que Neri Abbati, prieur de St-Pierre Scaragge, homme dissolu & aimant à faire du mal, le mit lui-même ; parce que, voyant tout le monde occupé à se battre, il crut qu'il pouvoit faire cette grande méchanceté, sans que l'on y pût remédier, à cause qu'on étoit trop occupé. Et afin d'y mieux réussir, il commença par les maisons des gens de son caractère, parce qu'il y avoit plus facile entrée.

C'étoit dans l'année mil trois cént quatre que Florence étoit ravagée par le fer & par le feu. Il n'y avoit que Corso Donati, qui, au milieu de tant de brouilleries n'avoit point pris parti, dans l'espérance de devenir l'arbitre de tous les différens, quand on seroit bien las de se battre. Cependant on mit les armes bas, non pas par des motifs de paix, mais parce qu'on étoit harassé. Tout ce qui en arriva, fut que les rebelles ne retournerent pas, & que leur parti demeura le plus foible. Le légat étant retourné, & ayant appris les nouveaux désordres qui étoient arrivés dans Florence, il fit entendre au pape, *que, s'il vouloit rétablir l'union dans la ville, il falloit qu'il fît venir auprès de lui douze des principaux habitans*, faisant entendre, *que si-tôt qu'on auroit éloigné ceux qui fomentoient ces maux, il seroit aisé de les guérir.*

Le pape suivit ce conseil, & les habitans cités allerent comparoître, Corso Donati se trouvant du nombre. Alors le légat fit avertir les bannis, qu'il étoit tems de retourner à Florence, puisque les chefs du parti opposé n'y étoient plus : de sorte que ces gens-là ayant fait un effort, vinrent tous, & entrerent dans la ville par les murailles, qui n'étoient pas encore achevées, & traverserent jusqu'à la place St-Jean.

C'étoit une chose remarquable, que ceux qui, un peu auparavant, avoient pris les armes pour les faire rappeler, lorsqu'ils demandoient, par les voies de la douceur, de rentrer dans leur patrie, les voyant à-présent y vouloir revenir par force, ils prirent les armes contr'eux, estimant plus le bien public que leur amitié particuliere, & s'étant joints avec tout le peuple, ils les contraignirent de retourner où ils étoient auparavant. Ces bannis manquerent leur coup, parce qu'ils avoient laissé une partie de leurs gens à la Lastra, & qu'ils n'avoient pas attendu Toloset Uberti, qui devoit venir de Pistoïe avec trois cents chevaux. Ils en userent ainsi, s'imaginant que la diligence leur étoit plus nécessaire que la force. Il arrive donc souvent en pareilles occasions, que la lenteur vous fait perdre l'occasion ; & la promptitude diminue vos forces.

Les rébelles étant éloignés, Florence retomba dans ses anciennes divisions ; & afin d'abaisser la maison des Cavalcanti le peuple lui prit par force le château d'Estingue, situé dans le Val-de-Grève dont il avoit dépendu autrefois ; & parce que les prisonniers qu'on y fit, furent les premiers qu'on mit dans les prisons nouvellement bâties, on les appella depuis du nom de ce château - là.

Ceux qui étoient les plus puissans alors dans la république remirent sur pied les anciennes compagnies du peuple, & leur donnerent les étendarts sous lesquels les corps de métiers s'étoient autrefois assemblés ; & leurs commandans furent appelés Gonfaloniers des compagnies & collegues des seigneurs, afin que dans les troubles ils les secourussent par les armes, & dans la paix ils les aidassent de leurs conseils. Ils joignirent aux deux anciens recteurs un troisieme qui devoit être un homme de main, & qui, conjointement avec les Gonfaloniers, devoit réprimer l'insolence des plus puissans.

Pendant ce tems-là le pape mourut, & Corso Donati avec les autres citoyens étoient revenus de Rome ; & on auroit vécu tranquillement si la ville n'eût point encore été troublée par l'esprit turbulent & inquiet de Corso Donati : car pour s'acquérir du crédit, il s'opposoit toujours aux plus puissans, & ne manquoit pas de donner dans le sentiment du peuple, afin de le gagner ; de sorte qu'il étoit toujours le chef des nouveautés, & de ceux dont les avis n'étoient pas reçus. Tous ceux donc qui vouloient obtenir quelque chose d'extraordinaire avoient recours à lui : ainsi il étoit haï de plusieurs des principaux citoyens, & leur aversion augmentoit si fort, que le parti des Noirs tomboit manifestement dans la division, parce que Corso Donati se prévaloit des forces & du crédit des particuliers, & les autres du pouvoir de la seigneurie ; mais son autorité particuliere étoit si grande que chacun le redoutoit. Cependant pour détourner de lui la faveur du peuple, on fit courir le bruit qu'il vouloit lui ôter sa liberté. Il n'en faut pas davantage pour faire changer cette faveur en haine, & sa maniere de vivre le persuadoit assez, se donnant des airs bien au-dessus d'un citoyen d'une république. Mais ce qui augmenta cette pensée fut de ce qu'il épousa la fille de Uguccionne de la Faggivole, chef du parti Gibelin & des Blancs, & très-puissant en Toscane. Si-tôt qu'on vit cette alliance, cela donna la hardiesse à ses ennemis de prendre les armes contre lui, & par la même raison le peuple ne le défendit pas ; au contraire, la plus grande partie se joignit à ses ennemis.

Les chefs du parti qui lui étoit opposé étoient Roso de la Tosa, Pazzino de Pazzi, Geri Spini, & Berto Brunellesqui. Tous ceux-ci, avec leurs adhérens et la plus grande partie du peuple en armes et à pied, s'assemblerent auprès du palais des seigneurs par l'ordre desquels on donna une accusation à Pierre Branca, capitaine du peuple, contre Corso Donati, comme étant un homme qui, avec le secours d'Uguccionne, vouloit se faire tyran, après quoi il fut cité, et ensuite jugé rebelle par contumace. Entre l'accusation et la sentence, il n'y eut que deux heures de tems. Quand ce jugement fut prononcé, la seigneurie avec le peuple, rangé sous les drapeaux, allerent le trouver. Mais lui, sans s'étonner, ni pour se voir abandonné de la plupart des siens, ni pour se voir condamné par une sentence, ni pour l'autorité de la seigneurie, ni pour la quantité de ses ennemis, se fortifia dans sa maison, espérant d'y pouvoir tenir jusqu'à la venue d'Uguccionne à qui il avoit envoyé demander du secours. Il avoit barricadé sa maison et les rues voisines, et avoit mis des gens armés de son parti pour garder ces barricades ; et ils les gardoient si bien, que le peuple, tout nombreux qu'il étoit, ne pouvoit les forcer : c'est pourquoi le combat fut rude, avec bien des morts et des blessés de part et d'autre ; mais le peuple, voyant qu'il ne pouvoit les forcer par ces avenues-là, prit les maisons voisines de la sienne ; et, en les perçant, ils entrerent chez lui par des endroits qu'il n'avoit pas prévus. Donati se voyant

donc

donc environné de tous côtés par ses ennemis,
& n'attendant plus de secours de la part d'U-
guccionne, résolut, puisqu'il ne pouvoit pas vaincre, au-moins de se sauver. Lui donc, Gherard
Bondini, avec plusieurs autres de ses plus braves
et de ses meilleurs amis ayant fait tête ensemble,
donnerent avec vigueur sur les ennemis, au milieu desquels ils se firent passage les armes à la
main, & sortirent par la porte de la Croix. Ils
furent pourtant poursuivis par plusieurs, & Bac-
cacio Cavicciuli, tua Gherard Bondini auprès de
l'Afrique. Donati aussi fut joint & pris par quelques cavaliers Catalans qui étoient au service de
la seigneurie. Mais comme on l'amenoit vers
Florence, ne voulant pas voir en face ses ennemis
victorieux, & s'exposer à être insulté par eux,
il se laissa tomber de cheval, & un de ces cavaliers
qui le menoient, lui coupa la gorge. Les moines
de St-Salvi prirent son corps, et l'ensévelirent
sans cérémonie. Voilà comme finit Corso Donati,
dont la patrie & le parti des Noirs, reçut
beaucoup de mal & beaucoup de bien. S'il n'avoit
eu l'esprit turbulent, il auroit laissé une mémoire
de lui plus glorieuse. On doit pourtant le mettre
au rang des citoyens les plus distingués qui aient
jamais paru dans notre république, quoiqu'il soit
vrai que son humeur inquiete lui ait fait perdre

toutes les obligations que sa patrie & son parti lui avoient, & ait attiré beaucoup de malheurs à l'un & à l'autre, & enfin la mort à lui-même. Uguccionne, qui venoit au secours de son gendre, étant arrivé à Remuli, où il apprit que Donati avoit tout le peuple sur les bras, s'en retourna chez lui, jugeant qu'il n'étoit pas à propos de s'exposer à un grand danger sans être d'aucune utilité à personne.

Corso Donati étant mort en l'année mil trois cent huit, on vécut assez tranquillement à Florence, jusqu'à ce qu'on apprit que l'empereur Henri passoit en Italie avec tous les rebelles de la république qu'il s'étoit engagé de rétablir dans leur patrie. Les chefs de l'État trouverent donc à propos de diminuer le nombre des ennemis en rappellant tous ceux des rebelles à qui le retour n'étoit pas expressément défendu dans la sentence de bannissement. Cela fit demeurer dans l'exil la plupart des Gibelins & quelques-uns du parti des Blancs, entre lesquels étoit Dante Aliguieri, aussi-bien que les enfans de Veri, de Cerqui, & de Jean della Bella. Les mêmes conducteurs de la république envoyerent demander du secours à Robert, roi de Naples ; et ne pouvant l'obtenir comme alliés, ils l'obtinrent comme sujets, lui donnant leur ville pour cinq ans, afin qu'il la défendît comme son propre bien.

L'empereur vint par la route de Pise, et s'en alla par mer à Rome, où il fut couronné en l'an mil trois cent douze. Et ayant dessein de dompter les Florentins, il prit la route de Perouse & d'Arezzo, & campa avec son armée au couvent de Saint Salvi, à une demie-lieue de Florence, où il demeura cinquante jours sans rien faire : ainsi, désespérant de troubler l'état de cette ville, il alla à Pise, où il traita avec Frédéric, roi de Sicile, pour la conquête du royaume de Naples ; & s'étant mis en marche avec ses troupes, rempli de l'espérance de la victoire, il mourut à Buonconvento, délivrant par-là le roi Robert de la terreur où il étoit de perdre son État.

Peu de tems après, Uguccionne de la Faggivole devint maître de Pise et ensuite de Luques, où il fut introduit par les Gibelins ; desorte qu'avec ces deux villes il incommodoit beaucoup ses voisins. Les Florentins pour s'en délivrer demanderent au roi Robert son frere Pierre pour commander leurs armées. D'autre côté Uguccionne ne perdoit aucune occasion d'étendre sa domination ; et dans le val d'Arne, et dans le val de Nievole, il s'étoit rendu maître de plusieurs châteaux, ou de vive force, ou par trahison. Ensuite étant allé assiéger Mont Catini, les Florentins résolurent de le secourir, ne voulant pas que cet embrasement ravageât tout leur Pays. Ayant donc mis sur pied une grande armée, ils passerent le val de Nievole, ou ils vinrent aux mains avec Uguccionne, et après un grand combat, ils furent mis en déroute. Le prince Pierre, frere du roi de Naples, y fut tué sans qu'on pût jamais trouver son corps; il fut tué encore deux mille hommes avec lui. La victoire coûta aussi assez cher à Uguccionne, son fils ayant été tué avec beaucoup d'officiers de son armée. Après cette déroute les Florentins fortifierent leurs places, et le roi Robert leur envoya pour général le compte d'Andria; mais cela n'empêcha pas qu'ils ne se partageassent en deux factions, soit par la mauvaise conduite du compte, soit parce qu'il est naturel aux Florentins de s'ennuyer toujours de l'état où ils se trouvent, et d'être prêts à se diviser au premier accident : quoiqu'il en soit nonobstant la guerre ou ils étoient avec Uguccionne, les uns prirent le parti du roi de Naples, les autres prirent celui de ses ennemis. Les chefs des ennemis étoient Simon de la Tosa, les Magalotti, avec d'autres gens du peuple, que leurs charges élevoient au-dessus des autres. Ces gens ici firent prendre la résolution denvoyer en France & en Allemagne, pour en faire venir des généraux & ses troupes, dont on devoit se servir pour chasser le comte, qui gouvernoit de la part du roi Robert. Mais la fortune ne voulut pas qu'ils pussent rencontrer ce qu'ils cherchoient. Ils ne renoncerent pourtant point à ce dessein ; mais cherchant par-tout quelqu'un pour lui donner la souveraine autorité, & ne le pouvant obtenir, ni de la France, ni de l'Allemagne, ils le tirerent d'Agobbio ; & après avoir chassé le comte d'Andria, ils firent venir Lando d'Agobbio comme un exécuteur ou un prévôt, & lui donnerent puissance sur tout le peuple. Cet homme étoit cruel & avare, qui, marchant par les villages avec une troupe de scélérats armés, outrageoit l'un, assassinoit l'autre, suivant le caprice de ceux qui l'avoient choisi. Son insolence alla si loin qu'il faisoit battre de la fausse monnoie au coin de Florence, sans qu'aucun osât lui contredire, tant les divisions de Florence lui avoient fait empiéter d'autorité. Cette grande ville étoit bien malheureuse puisqu'elle n'avoit pas pu se conserver dans un gouvernement fixe & sans altération, ni par le souvenir des divisions passées, ni par la crainte d'Uguccionne, ni par l'autorité d'un roi : de sorte qu'enfin elle étoit réduite dans un très-pitoyable état au-dehors par les incursions d'Uguccionne, au-dedans par le ravagement & le pillage de Lando d'Agobbio.

K 3

Tous les amis du roi qui étoient contraires à Lando & à ses complices, étoient les familles nobles, les plus considérables de la bourgeoisie & les Guelfes. Cependant comme ceux qui leur étoient opposés étoient maîtres du gouvernement, ils ne pouvoient pas découvrir leurs bonnes intentions sans s'exposer à un péril manifeste. Mais ayant résolu de se tirer de dessous une si honteuse tyrannie, ils écrivirent sous-main au roi de Naples, pour le supplier de faire le comte Gui de Buttefole son lieutenant à Florence : ce qui fut incontinent accordé par le roi ; & le parti opposé, quoiqu'ennemi du roi, n'osa pas y contredire, à cause des bonnes qualités du comte. Il n'avoit pourtant pas grande autorité, parce que les seigneurs & les gonfaloniers des compagnies favorisoient Lando & son parti. Pendant donc qu'on étoit dans cette combustion à Florence, il y passa la fille du roi Albert de Bohême, qui alloit à Naples pour y épouser le prince Charles, fils du roi Robert. Les amis du roi firent mille honnêtetés à cette princesse, & lui marquerent le mauvais état où ils étoient par la tyrannie de Lando & de ses adhérens ; de sorte que devant qu'elle partît de la ville, moyennant son secours & celui du roi, les citoyens s'unirent, & Lando fut dépouillé de l'autorité & renvoyé à Agobbio, rassasié de sang humain & chargé de rapine.

Pour réformer l'Etat on prorogea au roi son autorité pour trois ans, & parce qu'il y avoit déjà sept seigneurs élus qui étoient partisans de Lando, on y en ajouta six autres du parti du roi ; ensuite on fit quelques autres magistrats avec les treize seigneurs, qui depuis pourtant furent remis au nombre de sept, selon l'usage ancien. Dans ces tems-là Uguccionne perdit Luques & Pise, qui tomberent entre les mains de Castruccio Castracani, bourgeois de Luques : & parce que c'étoit un jeune homme féroce, entreprenant & heureux, il devint bientôt prince des Gibelins en Toscane. C'est pourquoi les Florentins finissant leurs guerres civiles, travaillerent long-tems à empêcher Castruccio de porter plus loin sa puissance : mais voyant qu'ils ne pouvoient pas en venir à bout, ils penserent aux moyens de s'en garantir. Or, afin que les seigneurs fussent plus aidés de conseils, & acquissent plus d'autorité pour faire exécuter leurs ordres, ils élurent douze citoyens qu'ils appelerent bons-hommes, sans l'avis & le consentement desquels la seigneurie ne pouvoit faire aucune chose de conséquence.

Dans ce tems-là finit l'autorité du roi de Naples, & la ville étant revenue à sa premiere

K 4

liberté, rétablit ses magistrats & ses recteurs ordinaires. Cependant elle demeuroit bien unie par la terreur qu'elle avoit de Castruccio, qui, ayant exécuté bien des choses contre les seigneurs de Lunigiane, vint attaquer Prato. Mais les Florentins ayant résolu de le défendre, fermerent leurs boutiques & allerent en foule à son secours, étant bien vingt mille hommes fantassins & quinze cents hommes de cavalerie.

Pour diminuer les forces de Castruccio, on publia de la part des seigneurs, *que tous les Guelfes rebelles qui viendroient au secours de Prato, seroient après l'expédition rétablis dans la patrie* : ce qui fit venir à ce secours plus de quatre mille hommes. Une si grosse armée, venue avec tant de promptitude pour défendre Prato, étonna tellement Castruccio, que, sans vouloir tenter la fortune du combat, il s'en retourna vers Luques. Ce prompt départ fit naître de la division dans le camp des Florentins, entre la noblesse & le peuple. Celui-ci vouloit qu'on poursuivît l'ennemi pour le combattre & le détruire ; les gentilshommes au contraire vouloient retourner chez eux, disant *qu'il suffisoit d'avoir mis Florence en péril pour délivrer Prato* : ce qu'on avoit eu raison de faire, la nécessité y contraignant. Mais à-présent que cette nécessité n'y étoit plus ; *il n'étoit pas à propos*, disoient-ils, *de tenter fortune , puisque la perte pouvoit être grande , & l'avantage petit.* Comme l'on ne pouvoit s'accorder on remit le jugement de l'affaire aux seigneurs qui se trouverent en différens avis aussi - bien que le peuple & la noblesse. Ce bruit s'étant répandu dans la ville, il s'assembla une foule de peuple dans la place, qui fit de violentes menaces à la noblesse , qui en prit une telle épouvante qu'elle donna son consentement à ce que l'on souhaitoit.

Mais comme cette résolution fut trop retardée, & que plusieurs y alloient à contre-cœur, cela donna le tems à Castruccio de se retirer dans Luques sain & sauf. Ce désordre piqua tellement le peuple contre la noblesse, que les seigneurs ne voulurent point tenir leur parole à ces quatre mille rebelles , qu'ils leur avoient donnée par l'avis des gentilshommes : ce que les rebelles prévoyant bien, ils se présenterent aux portes de Florence avant que l'armée y fût arrivée. Mais comme l'on s'en étoit bien douté, ce dessein n'eut point de succès ; car ceux qui étoient demeurés dans Florence les repousserent. Cependant, voulant tâcher de gagner d'amitié ce qu'ils n'avoient pu emporter de force, ils envoyerent huit députés à la seigneurie, pour lui représenter la foi donnée, & les périls où l'espérance qu'on la leur garderoit les avoit engagés. Et quoique les nobles, qui s'en croyoient plus chargés, parce qu'ils avoient donné leur parole en particulier sur la promesse qu'avoient faite les seigneurs, fissent tout ce qu'ils pouvoient en faveur des bannis, néanmoins tout le peuple étant persuadé que c'étoit par la lâcheté des gentilshommes qu'on n'avoit pas battu Castruccio, ils ne purent rien obtenir : ce qui fut une chose blâmable & malhonnête à la ville, & qui piqua tellement la plupart de la noblesse, qu'ils tâcherent d'emporter par la force ce qu'on ne vouloit pas accorder à leurs prieres. Ils eurent donc intelligence avec les rebelles, & s'engagerent de prendre les armes au-dedans en leur faveur, quand ils paroîtroient au-dehors en bon ordre. Cette trame fut découverte avant que le jour marqué fut venu ; de sorte que les rebelles trouverent la ville sous les armes & en état de repousser ceux de dehors, & de donner un tel effroi à ceux de dedans qu'aucun n'osa prendre les armes : ce qui leur fit abandonner ce dessein sans en tirer aucune utilité.

Après qu'ils se furent retirés on vouloit punir ceux qui les avoient attirés ; & quoique chacun connût fort bien les coupables, il n'y avoit cependant personne qui osât les accuser ni même les nommer. Pour donc être éclairci de la vérité sans aucuns égards, on ordonna, *que dans les conseils chacun écrivît les noms des coupables & les donnât secretement au capitaine.* Ainsi *Americ Donati*, *Teguiaco Frescobuldt*, & *Lorrent Guerardini*, furent des accusés ; mais ayant trouvé leurs juges plus indulgens que ne méritoient leurs crimes, ils furent seulement condamnés à une amende pécuniaire.

Les désordres que la venue des rebelles causa dans Florence, firent voir qu'un seul chef ne suffisoit pas pour les compagnies du peuple; ce qui fit qu'on établit, qu'à l'avenir chacune de ses compagnies aurait trois ou quatre chefs, & l'on donna à chaque gonfalonier deux ou trois porte-enseignes : & tout cela se fit afin que là où une compagnie toute entiere ne seroit pas nécessaire, on y en pût envoyer une partie sous un des commandans. Or, comme il arrive dans toutes les républiques qu'après un accident survenu on casse quelques vieilles loix & que l'on en refait quelques nouvelles, au lieu qu'auparavant on créoit la seigneurie de tems en tems, les seigneurs & les conseils d'alors ayant beaucoup d'autorité, se firent donner le pouvoir de faire les seigneurs qui devoient gouverner pendant les quarante mois suivans. Ils mirent donc les noms de ceux qui devoient prétendre à ces charges dans une bourse, d'où ils les tiroient tous les deux mois. Mais avant que le terme des quarante mois fût échu, on recommença à mettre les noms dans la bourse parce que plusieurs citoyens craignoient que les leurs n'y eussent pas été mis. Ce fut de ce reglement dont vint la coutume de mettre dans la bourse, pour bien du tems les noms des magistrats qui devoient gouverner & dehors & dedans; au lieu qu'auparavant lorsqu'ils avoient fait leurs tems, les conseils en élisoient d'autres pour leur succéder. Cette maniere d'élire s'appelloit d'un terme, qui signifie assemblée (1), qui donne ses suffrages. Or parce que cela ne se faisoit que tous les trois ans, & que quelquefois même cela se différoit jusqu'aux cinq, il sembloit qu'on eût remédié par-là à tous les desordres & à toutes les brouilleries qui arrivoient lorsqu'on faisoit des magistrats nouveaux, à cause de la quantité des compétiteurs. Et ne sachant pas quel autre remede y apporter, ils prirent cet

---

(1) Le Terme Italien est *Squittino.*

expédient, dont ils ne virent pas les défauts qui étoient cachés sous cette petite commodité.

On étoit alors dans l'année mil trois cent vingt-cinq, & Castruccio ayant pris Pistoïe, étoit devenu si puissant, que les Florentins redoutant sa grandeur, résolurent de délivrer cette ville de sa domination devant qu'il s'y fût bien affermi. Ils mirent donc sur pied tant de leurs citoyens que de leurs alliés une armée de vingt mille fantassins, & de trois mille chevaux, avec laquelle ils assiégerent Altopascio, afin que l'ayant pris ils pussent couper les secours qu'il enverroit à Pistoïe. Les Florentins furent assez heureux pour emporter ce lieu : puis marchant vers Luques ils firent le dégat dans le pays. Mais n'ayant pas grande conduite ni un général bien fidèle, ils ne firent pas de grands progrès. Ils avoient pour général Raimond de Cordonne, qui voyant que les Florentins étoient assez prodigues de leur liberté, l'ayant tantôt soumise au roi de Naples, tantôt aux légats, & enfin à d'autres personnages de bien moindre considération, il s'imagina donc qu'en les réduisant dans quelque grand embarras, ils pourroient

le faire leur prince : ce qu'il ne manquoit pas de
dire, demandant souvent une semblable autorité dans la ville à celle qu'il avoit à l'armée,
qu'autrement il ne pouvoit être obéi comme
le devoit être un général. Mais parce que les
Florentins la lui refusèrent, il alloit perdant
le tems & le faisoit gagner à Castruccio, qui
en eut assez pour joindre les secours que lui
envoyoit Visconti & les autres tyrans de la
Lombardie : ce qui l'ayant rendu fort, Cordonne qui par perfidie n'avoit pas voulu vaincre au commencement, périt à la fin par son
imprudence, & sans que les Florentins s'en
mélassent, la fortune ayant pris le soin de châtier
ce général de sa trahison & de sa mauvaise
conduite.

On ne peut dire jusques où allerent les pertes,
que le gain de la bataille donna lieu à Castruccio
de faire faire aux Florentins, par les rançons,
par le pillage, par le feu, & par le dégat, car
pendant plusieurs mois il fit faire des courses à
sa cavalerie par-tout où il voulut, n'ayant personne en tête : & ce fut encore assez aux Florentins de conserver leur ville après une telle défaite.
Ils ne perdirent pourtant pas tellement courage,
qu'ils ne pensassent à faire de grands préparatifs

d'argent & de soldats , & à envoyer demander du secours à leurs alliés. Cependant il n'y avoit point de précautions qui pussent suffire à humilier un si puissant & si redoutable ennemi : ainsi ils furent contraints de se donner à Charles, duc de Calabre, et fils du roi Robert, parce qu'il ne vouloit point les secourir qu'à cette condition ; car comme ces princes étoient accoutumés à dominer dans Florence , ils aimoient mieux en être les maîtres que les alliés. Mais comme Charles étoit occupé dans la guerre de Sicile, & que cela l'empêchoit de venir prendre possession de l'Etat, il envoya Gaultier duc d'Athènes, français de nation, qui comme lieutenant du souverain, prit possession de la ville & y disposoit des magistrats selon son bon plaisir. Cependant sa conduite fut si modeste & si opposée à son naturel, que chacun l'aimoit. Charles, après avoir fini la guerre de Sicile, vint à Florence avec mille chevaux, & y fit son entrée en Juillet mil trois cent vingt-six. L'arrivée de ce prince fit que Castruccio ne pouvoit plus fourrager si librement le pays des Florentins. Cependant si le duc Charles acquit de la réputation au-dehors il la perdit au-dedans, puisqu'au-lieu d'être ruiné par les ennemis, on l'étoit par les amis ; car les seigneurs ne faisoient rien sans le consentement du duc, qui tira de la ville quatorze cents mille florins (1) en une année, quoiqu'on eût accordé avec lui qu'il n'en tireroit que deux cents mille : tant furent grandes les charges que lui ou son pere imposerent aux Florentins ! A ces pertes se joignoient encore de nouveaux ennemis & de nouvelles appréhensions ; car les Gibelins de Lombardie prirent un tel ombrage de la venue de Charles en Toscane, que Galeas Visconti & les autres tyrans, à force d'argent & de promesses, firent venir en Italie Louis de Baviere, qui avoit été élu empereur malgré le pape. Ce prince vint donc en Lombardie ; de-là il passa en Toscane ; & à l'aide de Castruccio il s'empara de Pise, où s'étant rafraichi il prit sa marche vers Rome. Cela fit que Charles partit de Florence, où il laissa Philippe de Sagginet pour son lieutenant.

Castruccio après le départ de l'empereur s'empara de Pise ; & les Florentins par intelligence lui enleverent Pistoïe. Mais Castruccio alla mettre le siége devant cette place, où il se conduisit avec tant de valeur & de résolution, qu'encore

------

(1) Les florins d'alors valoient 12 sols 2 den. monnoie de France.

que

que les Florentins essayassent bien des fois de la vouloir secourir, & que tantôt ils attaquassent son armée & tantôt son pays, ils ne purent pourtant jamais, ni par force, ni par adresse, lui faire prendre le change ; tant il avoit de passion de châtier les habitans de cette ville-là, & d'emporter un si grand avantage sur les Florentins. Enfin ces pauvres assiégés furent forcés de le recevoir comme leur souverain : mais quoiqu'il acquît beaucoup de gloire dans cette expédition, il y essuya aussi tant de fatigues, qu'à son retour à Luques il mourut. Et comme il arrive rarement que la fortune nous envoye une faveur ou une disgrace sans l'accompagner de quelqu'autre, le duc de Calabre mourut aussi en même tems à Naples, afin que les Florentins, contre toute apparence, fussent tout-d'un-coup délivrés de la domination de l'un & de la terreur de l'autre.

Quand donc la république se vit dans sa premiere liberté, ils réformerent le gouvernement ; & cassant tous les vieux conseils, ils en firent deux nouveaux, l'un de trois cents habitans du corps du peuple, & l'autre de deux cents cinquante, tant bourgeois que gentilshommes. Le premier fut appellé le conseil du peuple, l'autre le conseil commun.

<table>
<tr><td>Tome IV.</td><td>L</td></tr>
</table>

L'empereur à son arrivée à Rome fit un anti-pape, ordonna beaucoup de choses contre l'église, & en entreprit beaucoup d'autres sans succès : desorte qu'enfin il partit de cette ville honteusement & vint à Pise, où huit cents chevaux allemands se mutinerent, soit par chagrin contre ce prince, soit parce qu'ils n'étoient pas payés ; puis ils se fortifierent à Montechiaro. Cette cavalerie s'empara de Luques après que l'empereur fut parti de Pise pour aller en Lombardie, & elle en chassa François Castracani, que ce prince y avoit laissé ; & comme ces allemands espéroient de tirer du butin de cette ville, ils l'offrirent aux Florentins pour vingt mille florins : mais on la refusa par le conseil de Simon de la Tosa. Ce sage conseil auroit été fort avantageux à notre ville si on y eût toujours persisté. Mais peu de tems après ayant changé d'avis, cela causa de très-grandes pertes, parce que, si d'abord ceux qui gouvernoient l'État, ne la voulurent point, lorsqu'ils pouvoient l'obtenir à si vil prix, & de bonne amitié, ensuite quand ils en voulurent ils ne l'eurent point, quoiqu'ils l'eussent achetée beaucoup plus cherement. Mais Florence a toujours été fort variable dans son gouvernement, à son très-grand préjudice. Comme donc elle eut refusé Luques, Girardin Spinola, Génois, l'acheta

trente mille florins. Or parce que les hommes sont
bien plus indifférens à prendre ce qui est dans
leur pouvoir, qu'ils ne sont ardens à souhaiter ce
qu'ils ne peuvent espérer, si-tôt qu'on eut découvert le marché fait par Girardin Spinola, & à
quel bas prix il avoit eu la ville, les Florentins
entrerent dans une forte passion d'en devenir
maîtres, se condamnant eux-mêmes aussi-bien
que celui qui les avoit dissuadés de l'acheter.
Voulant donc l'avoir par force après l'avoir refu-
sée de bon gré, l'on envoya faire des courses,
& ravager le territoire de Luques.

Pendant cela l'empereur étoit sorti d'Italie, &
les Pisantins avoient envoyé l'anti-pape prisonnier en France. Les Florentins depuis la mort
de Castruccio, qui arriva en mil trois cent
vingt-huit, jusqu'en l'an mil trois cent quarante,
demeurerent tranquilles au-dedans, n'étant occupés qu'à donner des ordres pour le dehors de
leur État; desorte qu'à cause de la venue du roi
de Bohême en Lombardie, & de la passion qu'ils
avoient d'entrer en possession de la ville de Luques en Toscane, ils entrerent en plusieurs guerres. Ils embellirent aussi leur ville de plusieurs
nouveaux édifices, ayant bâti la tour de Sainte
Reparata par le conseil da Giotto, très-fameux
peintre de ce tems-là. Et parce qu'en l'an mil trois

cent trente-trois il arriva un si furieux débordement de l'Arne, qu'en quelques endroits de la ville l'eau étoit à la hauteur de plus de vingt-deux pieds (ce qui ruina bien des ponts & des maisons) ils réparerent le dommage avec une diligence & une dépense extrêmes.

Mais dans l'an mil trois cent quarante, il survint de nouveaux sujets de mésintelligence. Les plus puissans des citoyens avoient deux moyens d'augmenter ou de conserver leur autorité. L'un étoit de réduire les noms de ceux que le magistrat mettoit dans la bourse des élections à un si petit nombre, que jamais d'autres gens qu'eux ou leurs amis, ne pussent entrer dans les charges. L'autre moyen étoit de se faire maître de l'élection des recteurs, afin de les avoir toujours favorables dans leurs affaires. Or ils faisoient tant de cas de ces recteurs-là, que quand les ordinaires ne leur suffisoient pas, ils en faisoient quelquefois venir un troisieme. C'est pour cela que dans ces derniers tems ils avoient appelé extraordinairement Jacques - Gabriel d'Agobbio, sous le titre de capitaine de la garde, & lui avoient donné tout pouvoir sur les citoyens. Cet homme ici afin de favoriser ceux qui avoient l'autorité faisoit beaucoup d'injustices, & Pierre Bardi avec Baldo Frescobaldi furent du nombre de ceux qui en furent maltraités. Ces gens ici étant de qualité & naturellement fiers, ne pouvoient digérer qu'un étranger en vue d'obliger un petit nombre qui avoit le pouvoir en main, les insultât sans sujet; desorte que, pour s'en venger, ils conjurerent contre lui & contre ceux qui gouvernoient alors. Dans cette conjuration il entra beaucoup de familles nobles, avec quelques-unes d'entre le peuple, qui ne pouvoient souffrir la tyrannie du gouvernement. L'ordre étoit que chacun assemblât le plus qu'il pourroit de gens armés dans sa maison, & que le lendemain matin d'après la Toussaint, pendant que tout le monde seroit dans les églises à prier Dieu pour les morts, on prît les armes, & qu'on tuât le capitaine & les premiers de ceux qui gouvernoient. Après cela on devoit réformer l'État en faisant de nouveaux Seigneurs.

Mais parce que dans les résolutions hasardeuses, plus on fait de réflexion plus on s'en effraye, il arrive toujours que les conjurations dont on differe beaucoup l'exécution viennent à être découvertes. André de Bardi étant du nombre des conjurés, à force de réfléchir sur l'affaire, fut bien plus épouvanté de la crainte du supplice, que poussé de l'espérance de se venger : desorte qu'il découvrit le tout à Jacques

Alberti son beau-frere ; celui-ci le découvrit aux prieurs, & les prieurs à ceux de la régence. Et parce que le danger étoit tout proche, la Toussaint n'étant pas beaucoup éloignée, plusieurs citoyens vinrent au palais ; & jugeant que le délai pourroit bien apporter du péril, ils vouloient que les seigneurs fissent sonner la cloche , & mettre le peuple sous les armes.

Taldo Valori étoit alors Gonfalonier, & François Salviati un des Seigneurs. Comme ils étoient parens d'André de Bardi, ils n'approuvoient pas qu'on sonnât la cloche, disant qu'il ne falloit pas armer le peuple pour le moindre sujet, parce qu'il arrive toujours du désordre lorsqu'on lui donne un pouvoir sans bornes : car il n'est rien de plus aisé que de faire naître des troubles , mais rien de plus difficile que de les appaiser ; qu'il valloit donc bien mieux s'informer de la vérité du fait, & en faire justice par les loix, que de vouloir y remédier tumultuairement, & se mettre au hasard de perdre Florence sur une simple dénonciation. Ce discours ne fut point écouté favorablement ; mais les seigneurs , à force d'être injuriés & insolentés, furent enfin contraints de faire sonner la cloche. Cette allarme fit assembler tout le peuple armé dans la place.

D'autre côté, les Bardi & les Frescobaldi se voyant découverts, prirent aussi les armes dans la résolution de vaincre glorieusement, ou de périr en braves : & comme ils espéroient se défendre dans l'endroit de la ville qui est au-delà de la riviere où ils avoient leurs maisons, ils fortifierent les ponts en attendant le secours que les nobles de la campagne & leurs autres amis pouvoient leur envoyer. Mais le peuple qui demeuroit dans le même quartier qu'eux, leur rompit ces mesures en prenant les armes en faveur des Seigneurs. Se trouvant donc environnés de leurs ennemis, ils abandonnerent les ponts & se retrancherent dans la rue où les Bardi demeuroient, comme étant plus forte qu'aucune autre ; & là, ils se défendirent vigoureusement.

Jacques d'Agobbio sachant que c'étoit à lui que les conjurés en vouloient, se tenoit campé au milieu de ses soldats proche du palais des Seigneurs, tout effrayé du péril qu'il avoit couru, la terreur qu'il avoit de la mort l'ayant rendu tout interdit & tout hébété : mais les autres recteurs, qui étoient moins coupables, n'étoient pas si épouvantés, particulicrement le Podesta, qui s'appelloit Maffée de Marradi, qui fit tête aux endroits où l'on combattoit ; &, sans s'étonner d'aucun péril, il passa le pont Rubaconte, &

se mélant au milieu des épées des Bardi, il
fit signe qu'il vouloit leur parler. Le respect
qu'on avoit pour sa personne, son honnêteté &
ses autres grandes qualités firent en un moment
baisser les armes, & lui donner une paisible audience. Faisant donc un discours grave & judi-
cieux, il blâma leur conjuration, leur fit voir
le péril où ils s'exposoient, s'ils, ne cédoient pas
à cette émeute populaire ; il leur donna l'espérance qu'on les écouteroit, & qu'on les jugeroit
avec douceur ; il promit de travailler à faire avoir
de la compassion pour leurs justes ressentimens.

Puis allant vers les Seigneurs, il les fit consentir à ne vouloir pas absolument remporter
une victoire, où ils ne pouvoient répandre d'autre
sang que celui de leurs citoyens, & à ne vouloir
pas les condamner sans les entendre. Enfin il fit
si bien, que du consentement des Seigneurs, les
Bardi & les Frescobaldi avec leurs amis quitterent la ville, & allerent sans trouble dans leurs
châteaux.

Après qu'ils furent partis & que le peuple eut
quitté les armes, les Seigneurs procédérent seulement contre les parens des Bardi & des Frescobaldi qui avoient pris les armes ; & afin de
les dépouiller de toute autorité, ils acheterent
d'eux le château de Mangona & de Vernia, en

faisant une loi, qu'aucun Florentin ne pourroit posséder aucun château à vingt mille près de la ville. Quelques mois après, Stiatta Frescobaldi eut la tête trenchée, & plusieurs autres furent déclarés rebelles. Ceux qui gouvernoient ne se contenterent pas d'avoir abbatu & dompté les Bardi & les Frescobaldi ; mais selon la coutume des hommes qui deviennent plus insolens à mesure que leur pouvoir augmente, au lieu qu'il n'y avoit qu'un capitaine de la garde qui tourmentoit Florence, ils en élûrent encore un pour la campagne, à qui ils donnerent un pouvoir fort étendu, afin que les gens qui leur étoient suspects, ne fussent en sureté, ni en ville ni aux champs ; & enfin ils animerent tellement les Nobles contr'eux, qu'ils étoient devenus capables de vendre la ville & eux-mêmes pour se venger : desorte que l'occasion venant heureusement, ils s'en servirent fort-à-propos.

Luques étoit tombée entre les mains de Mâtin de la Scala, prince de Vérone, à l'occasion des troubles qui avoient regné en Toscane & en Lombardie. Or, ce prince qui étoit obligé de remettre cette ville entre les mains des Flotentins, n'en avoit rien fait, parce qu'étant Seigneur de l'État de Parme, il se trouvoit assez puissant pour la conserver : à l'égard de sa parole, il ne s'en faisoit pas une affaire. Les Florentins donc pour s'en venger, se liguerent avec les Vénitiens, & lui firent une guerre si rude, qu'il fut sur le point de perdre tous ses États. Ils n'en tirerent pourtant autre avantage que la satisfaction d'avoir battu leur ennemi ; car les Vénitiens, selon l'usage ordinaire de ceux qui s'allient avec des gens moins puissans qu'eux, après avoir conquis Trévise & Vicence, firent la paix avec Mâtin de la Scala, sans penser aux Florentins. Mais les Visconti, ducs de Milan, l'ayant encore dépouillé de Parme, il ne se trouva plus en état de pouvoir conserver Luques ; desorte qu'il résolut de la vendre. Les compétiteurs étoient les Florentins & les Pisantins ; & quand on vint à traiter tout de bon de cette affaire, les Pisantins voyant bien que les Florentins, comme plus riches l'emporteroient, ils résolurent de l'avoir par force ; desorte qu'étant secourus des Visconti, ils allerent l'assiéger. Cela n'empécha pas les Florentins de continuer leur marché, & de l'arrêter avec le vendeur, à qui ils payerent la moitié du prix comptant ; & pour l'autre moitié, ils lui donnerent des ôtages. Après quoi, ils envoyerent Naddo Rucellai, Jean fils de Bernardin de Medicis, & Rosso fils de Richard de Ricci, pour en prendre possession. Ils entrerent par force dans la ville, qui leur fut consignée par les Procureurs du Prince de l'Escale.

Cependant, les Pisantins pousserent leur pointe, ne négligeant rien pour se rendre maîtres de Luques par les armes, & les Florentins vou- loient leur faire lever le siege. Enfin, après une longue guerre, où les Florentins perdirent leur argent & leur honneur, les Pisantins la prirent. La perte de cette ville anima le peuple contre ceux qui gouvernoient; & c'est ce qui arrive ordinairement dans toutes les mauvaises affaires; car ils en disoient mille choses offensantes dans tous les lieux publics & ailleurs, les accusant même d'avoir donné de mauvais conseils.

Au commencement on avoit mis la conduite de cette guerre entre les mains de vingt citoyens, qui avoient choisi pour général Malatesta de Rimini, qui l'avoit faite avec très-peu de courage, & avec encore biens moins de prudence; & parce qu'on avoit demandé du secours au roi de Naples, ce prince leur avoit envoyé Gaultier duc d'Athenes, qui n'arriva qu'après que Luques fut perdue, afin que les maux que le ciel préparoit, arrivas- sent dans leur temps : desorte que les vingt Admi- nistrateurs de la guerre voyant le peuple irrité, crurent qu'en lui donnant un nouveau général ils lui redonneroient de nouvelles espérances,

& qu'au moins ce choix serviroit, ou à le tenir en bride, ou à lui ôter les occasions de les calomnier. Et afin de lui imprimer plus de respect, et que le duc d'Athenes pût le gouverner avec plus d'autorité, d'abord ils le firent leur protecteur, & ensuise le général de leurs troupes.

Les grands, qui pour les raisons que nous avons dites ci-dessus, étoient mécontens, ayant la plupart d'eux fait connoissance avec le duc lorsqu'il étoit gouverneur de Florence pour le duc de Calabre, crurent que le tems étoit venu pour satisfaire leur ressentiment, en perdant la république, parce qu'ils croyoient n'avoir point d'autre moyen de matter ce peuple, qui les avoit tant outragés, que de se mettre sous la puissance d'un prince, qui reconnoissant le mérite d'un des partis, & l'insolence de l'autre, récompensât le premier, & mortifiât le dernier. Ils ajoutoient à cela, dans leur esprit l'espérance que leur donnoient les services qu'ils rendoient, puisque le duc deviendroit maître de l'état par leur moyen. Ils traiterent donc souvent en secret avec lui, & le firent enfin résoudre à se rendre souverain, en lui offrant tous les secours qu'ils étoient capables de lui donner. Au crédit & au conseil de ceux-ci il se joignit quelques familles de la bourgeoisie, comme les Peruzzi, les Acciaivoli, les Antellesi, & les Buonaccorsi, qui étant chargés de beaucoup de dettes, & ne pouvant pas s'acquitter avec leur bien, souhaitoient de le faire du bien d'autrui, & de se délivrer par ce moyen de l'esclavage de leurs créanciers, en vendant la liberté de leur patrie.

Ces conseils réveillerent l'ambition du duc, & afin de gagner la faveur du peuple par la réputation d'être juste, il poursuivit ceux qui avoient eu la conduite de la guerre de Luques, & fit mourir Jean de Medicis, Naddo Rucellai, & Guillaume Altoviti. Il en envoya beaucoup d'autres en éxil, & condamna à des amendes pécuniaires les autres. Ces exécutions étonnerent fort les citoyens de médiocre condition, & elles ne plaisoient qu'aux grands & au menu-peuple, parce que ce dernier naturellement se réjouit du mal, & les autres étoient bien aises de se venger de tant d'injustices qu'ils avoient reçues de la bourgeoisie : desorte que quand ce duc passoit par les rues, on exaltoit promptement la franchise de son bon cœur, & chacun l'exhortoit à rechercher les malversations des citoyens, & à en faire justice.

Le pouvoir des vingt citoyens étoit tombé ; la réputation du duc étoit grande & la crainte qu'on en avoit l'étoit encore plus : desorte que les habitans pour paraître bien affectionnés, mettoient ses armes sur leurs portes. Enfin il ne lui manquoit plus que le nom pour être souverain ; & comme il croyoit pouvoir tout entreprendre sans risque, il fit entendre aux Seigueurs qu'il jugeoit à propos pour le bien de l'État, d'avoir le pouvoir absolu ; & puisque toute la ville y consentoit il entendoit qu'ils y consentissent aussi. Les Seigneurs qui avoient peut-être prévu de loin la ruine de la patrie, furent tous troublés à cette demande : mais à quelque péril qu'ils s'exposassent pour ne point trahir leur patrie, ils refuserent courageusement leur consentement. Le duc afin de passer pour un homme dévot & rempli de bonté, avoit choisi sa demeure au couvent des minimes de Sainte Croix ; & voulant exécuter les mauvais desseins qu'il avoit, il fit publier à son de trompe, que tout le peuple eût à s'assembler devant lui dans la place de Sainte Croix. Cette ordonnance étonna davantage les Seigneurs que n'avoit fait sa demande. S'étant donc joints avec les citoyens qu'ils croyoient affectionnés à la patrie & à la liberté, & voyant la puissance du duc, ils ne crurent pas qu'il y eût d'autre remede que d'en venir avec lui aux prieres, afin d'obtenir par la douceur ce qu'ils ne pouvoient

espérer par la force, qui étoit de lui faire quitter la pensé de se rendre souverain, ou, au moins
de rendre leur esclavage un peu tolérable. C'est
pourquoi une partie des Seigneurs allant le trouver, l'un d'eux lui parla en ces termes : » Nous
» venons à vous, monseigneur, premierement
» à cause de la demande que vous nous avez faite,
» & ensuite à cause des ordres donnés de votre
» part au peuple de s'assembler devant vous ;
» car cela nous fait penser que vous voulez avoir
» par une voie extraordinaire, ce que nous ne
» vous avons point accordé par notre traité.
» Notre intention n'est pas de nous oppoer à
» vos volontés par la force, mais seulement de
» vous remontrer combien est grand le fardeau
» que vous mettez sur vos épaules, & combien
» est dangereux le dessein que vous formez,
» afin que vous puissiez toujours vous souve-
» venir de nos conseils & de ceux de certaines
» gens, qui vous en donnent de si différens, dans
» la seule vue d'exercer leur rage, & non pas
» pour vous procurer de l'avantage. Vous vou-
» lez rendre esclave une ville qui a toujours
» été libre ; car l'autorité que nous avons autre-
» fois accordée aux princes de la maison de
» Naples étoit une association au gouvernement,
» & non pas un esclavage. Avez-vous bien fait

» réflexion quelle impression fait & combien em-
» porte le nom de la liberté dans une ville comme
» celle -- ci ? Savez - vous qu'il n'est point de
» puissance assez grande pour l'étouffer, ni de
» tems assez long pour l'effacer ? Avez-vous bien
» pensé quelles forces sont nécessaires pour tenir
» en esclavage une ville aussi grande que celle-
» ci ? Les troupes étrangeres que vous pouvez
» entretenir ne suffisent pas ; et je ne vous con-
» seillerois pas de vous fier à celles du pays ; car
» ceux qui vous engagent à entreprendre ce grand
» dessein, et qui sont à present vos amis, le se-
» ront jusqu'à ce que par votre autorité, ils au-
» ront terrassé leurs ennemis : après cela, ils pen-
» seront aux moyens de vous détruire, et de se
» rendre eux-mémes souverains. Le menu-peuple
» sur qui vous faites fond, change au moindre
» accident ; ainsi comptez qu'il ne faut pas extrê-
» mement de tems pour vous rendre toute cette
» ville ennemie ; et il n'en faut pas davantage
» pour vous perdre et elle aussi. Ne croyez pas
» au reste, pouvoir trouver aucun remede à ces
» maux ; car il est fort aisé à un souverain d'affer-
» mir son autorité quand il a peu d'ennemis,
» n'ayant qu'à s'en défaire par la mort ou par
» l'exil : mais quand on est universellement haï,
» l'on ne peut jamais être en sureté, parce qu'on
» ne

» ne sait de quel côté doit venir le mal ; & celui
» qui a lieu de craindre tout le monde ne peut se
» défaire de personne. Si cependant vous l'en-
» treprenez, vous augmentez le péril où vous
» êtes déjà ; car ceux qui restent en sont plus ir-
» rités & plus animés à la vengeance. »

» Pour vous faire voir aussi que la longueur
» du tems n'efface point l'amour de la liberté, c'est
» que vous voyez souvent qu'elle est rétablie dans
» un pays par des gens qui ne l'ont jamais goûtée
» mais qui ne laissent pas de l'aimer par le sou-
» venir que leurs peres leur en ont laissé ; c'est
» ce qui les rend si opiniâtres à la défendre quand
» une fois ils l'ont recouvrée : et quand même ils
» n'en auroient jamais entendu parler à leurs pe-
» res , les palais publics , les lieux où s'assem-
» bloient les magistrats , et les monumens des re-
» glemens pour la liberté , la mettent assez dans
» l'esprit. Que pouvez-vous faire qui puisse éga-
» ler les douceurs de la liberté, ou qui puisse
» effacer dans l'esprit des hommes le desir de
» la posséder ? Quand vous joindriez toute la
» Toscane à cet état ; quand vous rentreriez
» tous les jours dans cette ville triomphant de
» nos ennemis ; ce n'en seroit pas assez pour
» gagner son affection : car elle regarderoit toute
» cette gloire-là comme n'appartenant qu'à vous

Tome IV. M

» sans qu'elle y eût aucune part; & nos citoyens
» ne croiroient point par-là augmenter le nombre
» de leurs sujets , mais seulement celui de leurs
» compagnons d'esclavage ; ce qui ne serviroit
» qu'à le rendre plus rude pour eux-mêmes. Et
» quand votre vie seroit un modèle de sainteté ,
» votre conduite remplie de douceur, & vos juge-
» mens léquité même , ce ne seroit pas encore
» assez, parce que les chaînes les plus légeres sont
» pesantes à un homme qui n'en a jamais porté,
» & les liens les plus doux le serrent. Je sais
» pourtant bien qu'il est impossible de voir un
» Etat turbulent soumis à la conduite d'un bon
» prince ; car ou l'un & l'autre deviendront
» semblables , ou il faut que l'un succombe sous
» l'autre.

» De tout ceci je conclus donc qu'il faut que
» vous fassiez de deux choses l'une : ou de gou-
» verner cette ville avec toute la violence possi-
» ble ; & pour cela je ne sais si vous aurez assez
» de garnisons , de citadelles, & d'alliés au de-
» hors : ou de vous contenter du pouvoir que
» nous vous avons donné. Et c'est ce que nous
» vous conseillons, en vous avertissant qu'il n'y
» a point de sujettion de durée, que celle qui
» est volontaire ; & en vous suppliant de ne
» vous laisser pas aveugler par l'ambition qui

» vous conduira assurément dans un lieu, où
» ne pouvant vous fixer, ni monter plus haut,
» il faudra que vous en tombiez absolument,
» en vous brisant vous-même, & en nous en-
» traînant aussi dans le précipice.

Ce discours ne fit aucune impression sur l'esprit endurci du duc. Il répondit » Qu'il ne
» vouloit pas dépouiller la ville de sa liberté,
» mais plutôt la lui rendre, n'y ayant que les
» villes désunies qui fussent esclaves, & les
» autres étant libres ; & si par ses bons ordres
» il éteignoit dans Florence la dissention, l'ani-
» mosité, & l'ambition, bien loin de lui ravir
» sa liberté, ce seroit la lui ramener : qu'au reste
» il n'entroit point dans cette autorité par les
» motifs de l'ambition ; mais qu'il l'acceptoit
» seulement pour satisfaire un peu les empres-
» semens de tant de bons citoyens qui l'en sup-
» plioient ; que par conséquent, eux aussi feroient
» bien d'approuver ce qui étoit l'objet d'une ap-
» probation générale : que pour les risques où il
» s'exposoit par-là, il les comptoit pour rien,
» puisque c'est une marque d'un mal-honnête
» homme de ne pas faire le bien par l'appréhen-
» sion du mal, & qu'il falloit être lâche pour ne
» pas entrer dans le chemin de la véritable gloire
» à cause qu'il s'y rencontre des difficultés & des

M 2

» risques : qu'enfin il leur feroit voir bien-tôt par
» sa conduite, que c'est mal-à-propos qu'ils n'ont
» pas eu en lui toute la confiance que tout le monde
» y doit avoir. »

LES Seigneurs, voyant qu'il n'y avoit rien à
espérer davantage, demeurerent d'accord avec le
duc, *que le peuple s'assembleroit le lendemain sur
la place, et que par les suffrages on lui donneroit
pour un an la même autorité qu'avoit eue le duc
de Calabre.*

Le huitieme de septembre donc de l'année
mil trois cent quarante - deux, le duc accompagné de Jean de la Tosa et de tous ses adhérens , avec encore un gran nombre d'autres
citoyens , s'en vint sur la place , et montant
avec la Seigneurie sur les marches qui sont au
pied du palais , on y lut au peuple les articles
du traité fait entre le duc et la Seigneurie. Et
quand on en vint à l'article qui porte, *Que l'on
lui donnoit l'autorité pour un an* , le peuple se
récria . *POUR LA VIE.* Et François Rustique-
gli , l'un des Seigneurs , se levant pour parler
à l'assemblée & pour lui faire entendre raison,
son discours fut étouffé par les cris qu'elle fit :
desorte que de son consentement il fut fait
souverain, non pour un an, mais pour toujours ; ensuite il fut élevé et porté au tra-

vers de la multitude dans la Place en faisant retentir son nom.

C'est l'usage que celui qui est établi à la garde du Palais, dans l'absence des Seigneurs, demeure enfermé dedans. Cette charge étoit alors entre les mains de Renier de Giotto, qui étant gagné par les amis du Duc, le reçut dedans sans se faire prier ; de sorte que les Seigneurs s'en retournerent chacun chez eux remplis d'étonnement & de confusion. Les domestiques du duc pillerent le palais ; l'étendart du peuple fut déchiré et ses drapeaux mis sur le Palais. Tout ceci se passoit au grand créve-cœur des gens de bien, & au grand contentement de ceux qui, par malice ou par ignorance, avoient donné leur consentement.

Si-tôt que le Duc se vit maître, afin d'ôter tout pouvoir à ceux qui étoient les défenseurs de la liberté publique, il défendit aux Seigneurs de s'assembler au palais, leur ayant donné une maison particuliere pour cela. Il ôta les enseignes aux Gonfaloniers des compagnies du peuple ; il cassa les reglemens de la justice qu'on avoit faits contre les grands ; il ouvrit les prisons ; il rappella les Bardi & les Frescobaldi de leur exil, & il défendit le port d'armes à tout le monde. Pour être aussi plus en

défense contre ceux du dedans, il se fit des amis
de ceux du dehors; de sorte qu'il fit beaucoup
de bien à ceux d'Arezzo & à tous les autres
sujets de la ville de Florence. Il fit la paix avec
les Pisantins, quoiqu'on l'eût fait prince pour
leur faire la guerre. Il annulla les hipoteques
des marchands qui avoient fait des prêts à la
république dans la guerre de Luques. Il augmenta les anciens impôts, & en mit de nouveaux. Il ne laissa aucune autorité aux Seigneurs.
Les recteurs étoient Baglione de Perouse, &
Guillaume de Scesi. C'était de ces gens-là, &
de Cerrettier Bisdomini, qu'il se servoir dans
son conseil. Les impôts qu'il mettoit sur le peuple étoient gros & ses arrêts injustes; & il
changea en orgueil & en cruauté cette gravité
& cette douceur qu'il avoit affectées. Ainsi
tous les jours on voyoit condamner, faire mourir, & torturer, par des cruautés nouvelles,
plusieurs citoyens du nombre des grands aussi
bien que de la petite noblesse (1). Mais afin que
le dehors ne fût pas mieux traité que le de-

____

(1) Il y a dans l'original *Populani nobili*, qu'il
oppose à *i Grandi*. Ces derniers sont les gens de
qualité, les autres sont les simples gentilshommes, ou
la petite noblesse.

dans, il établit six recteurs à la campagne, qui battoient & pillioient les paysans. Il se défioit des grands, quoiqu'il lui eussent de l'obligation, et qu'il en eût même tiré beaucoup d'entr'eux de l'exil ; et cela parce qu'il ne pouvoit pas croire qu'un homme, qui a le cœur élevé, comme l'ont d'ordinaire les gens de qualité, pût se soumettre volontiers à sa tyrannie. C'est pourquoi il se mit à favoriser le menu-peuple, esperant qu'avec son amitié et l'appui des troupes étrangeres il conserveroit toujours le même pouvoir.

Quand donc le mois de Mai fut venu, dans lequel le peuple fait des réjouissances, il leur fit faire plusieurs compagnies auxquelles il donna de beaux noms, des enseignes, et de l'argent. Ainsi une partie alloit en réjouissance par la ville, et l'autre les recevoit avec beaucoup de cérémonies. Comme le bruit se répandoit de la nouvelle dignité du duc, plusieurs François le vinrent trouver, et il leur donnoit à tous de l'emploi, comme à des gens sur qui il pouvoit s'assurer : desorte qu'en peu de tems Florence fut non-seulement sous l'autorité et le pouvoir des François, mais elle prit aussi fort vîte leurs façons de faire & la mode de leurs habits ; car les hommes & les femmes sans garder la gravité & les regles de la pudeur, faisoient comme eux. Mais ce qui étoit le plus insupportable, étoit la violence que le duc & ses courtisans faisoient aux femmes, sans garder, ni honneur, ni mesures.

Les citoyens donc étoient dans une grande indignation de voir la majesté de leur Etat foulée aux pieds, les ordres renversés, les loix abolies, 'honnêteté corrompue, & la modestie éteinte ; car des gens qui n'étoient pas accoutumés de voir aucune magnificence royale, ressentoient une véritable douleur quand ils rencontroient ce prince environné de gens armés, à pied & à cheval : & voyant de plus près ce qui faisoit leur honte, il falloit qu'ils marquassent du respect à celui pour lequel ils avoient une violente haine. Ajoutez à cela la terreur où les mettoient continuellement les exécutions qu'ils voyoient faire, & les fréquentes taxes dont on appauvrissoit & consumoit les habitans.

Le duc n'ignoroit pas les craintes continuelles qu'il causoit & les ressentimens où l'on étoit, & cela ne laissoit pas de l'alarmer à son tour ; cependant il vouloit qu'on crût qu'il étoit persuadé qu'on l'aimoit : desorte que Matthieu de Morozzo lui ayant découvert une conjuration que

les Médicis & autres avoient tramée contre lui,
il le fit mourir misérablement, quoiqu'il se fût
flatté que sa déclaration seroit récompensée de
la faveur du prince, ou qu'il se mettroit par-là
au-dessus de la crainte que tout le monde avoit
de lui. De plus, on ne fit aucune recherche de
cette conjuration. Cette conduite rebuta ceux
qui auroient voulu l'avertir de ce qu'on entre-
prendroit contre lui, & encouragea ceux qui
cherchoient à le perdre. Enfin Bettone Cini ayant
blâmé les impôts dont on chargeoit les citoyens,
le duc lui fit couper la langue si cruellement,
qu'il en mourut, ce qui augmenta le ressentiment du peuple & l'aversion qu'il avoit pour
son gouvernement tyrannique ; car une ville qui
étoit accoutumée à parler & à agir librement,
ne pouvoit pas souffrir qu'on lui fermât la bou-
che, et qu'on lui liât les bras. Le ressentiment
& la haine allerent donc si loin, que le peuple
le plus servile auroit été porté à la vengeance.
Jugez par-là de la disposition des Florentins qui,
ne pouvant souffrir l'esclavage, ne savent pas se
maintenir en liberté. Ainsi plusieurs citoyens de
toutes conditions firent la résolution, ou de
mourir, ou de recouvrer la liberté.

Il se fit donc trois conspirations, de trois sortes
d'habitans, des grands, des simples gentilshommes

& bourgeois, et des artisans. Les premiers y étoient poussés, parce qu'ils voyoient qu'ils n'é-toient point rentrés dans leur premiere autorité; les autres, parce qu'ils en avoient été dépouil-lés, & les artisans, parce que leurs gains étoient diminués. Messire Agnolo Acciavoli étoit arche-vêque de Florence; & dans ses sermons, il avoit fait l'éloge de toutes les actions du duc, & lui avoit par-là extrémement gagné le peuple. Mais depuis qu'il le vit souverain, & qu'il étoit de-venu tyran, il trouva qu'il avoit abusé sa patrie. Pour donc corriger sa faute, il crut qu'il falloit que la main qui avoit blessé guérit la blessure; desorte qu'il se fit chef de la plus forte conspi-ration dans laquelle étoient entrés les Bardi, les Rossi, les Frescobaldi, les Scali, les Altoviti, les Magalotti, les Strozzi, & les Mancini. Manno & Corso Donati étoient chefs de l'une des deux autres; & les Pazzi, les Cavicciulli, les Cerqui & les Albizzi, s'étoient joints à eux. Antoine Adimari étoit chef de la troisieme, & les Médicis, les Bardini, les Rucellai, & les Aldobrandini, y étoient entrés.

Leur dessein étoit de tuer le tyran dans la mai-son d'Albizzi, où il devoit aller le jour de la Saint Jean voir courir des chevaux; mais comme il n'y alla pas, ils manquerent leur coup. Ils for-

merent encore le dessein de se jeter sur lui lorsqu'il se promeneroit par la ville ; mais cela leur
paroissoit difficile , parce qu'il ne sortoit jamais
sans être bien escorté de gens armés , & toujours il changeoit les endroits de ses promenades ;
desorte qu'on ne pouvoit pas l'attendre dans un
endroit assuré. Ils penserent de le tuer dans le
conseil ; mais ils crurent que , même après l'avoir
tué , ils seroient à la discréton de ses soldats.

Pendant que tout cela se tramoit, Antoine
Adimari découvrit l'affaire à quelques-uns de ses
amis Sienois , afin qu'ils leur envoyassent du
monde , en leur nommant la plupart des conjurés , et leur assurant que toute la ville étoit résolue de se délivrer. Un de ces amis-là le dit aussi
à François Brunellesqui , sans dessein cependant
d'éventer l'affaire ; mais il lui en parla , parce
qu'il le croyoit du nombre des conjurés. François Brunellesqui craignoit pour lui-même , ou
n'aimant pas les conspirateurs , alla tout révéler
au duc , qui fit prendre Pagolo de la Mazucca , &
Simon de Montezapolli. Ces gens-ci lui découvrirent le nombre & la qualité des conjurés, ce
qui étonna le duc, à qui l'on conseilla de les
faire assigner plutôt que de les faire arrêter ,
parce que , s'enfuyant, il se mettoit hors de
danger par leur exil. Il fit donc aussi-tôt assigner

Antoine Adimari qui, se fiant sur ses complices, comparut hardiment. Aussi-tôt il fut mis en arrêt. Uguccione Buondelmonti & François Brunellesqui conseilloient au duc de passer par la ville en armes, & de faire mourir sur-le-champ tous ceux qu'on prendroit. Mais il n'approuva pas cet avis, ne trouvant pas ses forces suffisantes contre tant d'ennemis. C'est ce qui lui fit prendre un autre parti, qui, s'il lui eût réussi, l'eût assuré des ennemis & donné des forces.

Ce duc avoit accoutumé, dans des conjonctures considérables, de demander conseil aux citoyens. Ayant donc envoyé chercher du secours dehors, il fit une liste de trois cents citoyens, & les fit citer par ses officiers, sous prétexte de vouloir prendre des avis d'eux. Son dessein étoit de les faire égorger, ou de les emprisonner, si-tôt qu'ils seroient assemblés. La détention d'Adimari, & les gens que le duc avoit envoyés pour lui amener du secours, ne pouvoient pas être de ces choses si secrettes, que les citoyens ne s'en pussent appercevoir, ni en prendre l'alarme, particulierement ceux qui se sentoient coupables ; desorte que les plus résolus refuserent de comparoître. Or, parce que chacun avoit vu la liste, ils alloient se chercher les uns & les autres, & s'encourageoient à prendre les armes, afin de mourir plutôt en gens de cœur, que de se laisser égorger comme des bêtes.

Ainsi, en fort peu de tems, les trois conspirations se découvrirent les unes aux autres, & convinrent de faire une émeute dans le marché vieux, dès le lendemain, qui étoit le vingt-six de juillet de l'an mil trois cent quarante-trois ; ensuite, de prendre les armes, & d'inviter le peuple à se remettre en liberté.

Ce jour-là étant donc venu, suivant le mot donné, dès qu'on sonna Nonne (1), on courut aux armes, & chacun se barricada dans sa rue , & se rangea sous son drapeau, que les conjurés avoient fait faire secrettement avec les armes du peuple. Tous les chefs de famille, de quelque condition qu'ils fussent, s'assemblerent, & jurerent la mort du duc & la résolution de se bien défendre. Il n'y eut que quelques-uns des Buondelmonti & des Cavalcanti, & ces quatre familles de la moyenne condition, qui avoient aidé à faire le duc souverain, & qui, s'étant joints avec les bouchers & autres canailles, prirent les armes en sa faveur.

---

(1) C'est un tems marqué pour faire certains services dans l'Eglise Romaine, et ce tems répond à trois heures après-midi.

A ce bruit le duc mit son palais en défense; & ses partisans, qui étoient logés en divers quartiers, monterent tous à cheval pour aller à la place; mais en y allant, ils furent attaqués en bien des endroits, & la plupart d'eux furent tués. Il ne laissa pas d'en arriver trois cents jusqu'à la place. Le duc étoit en peine s'il devoit sortir pour combattre ses ennemis, ou il se défendroit dans son palais. D'autre côté, les Médicis, les Cavicciuli, les Rucellai, & autres familles qu'il avoit le plus maltraitées, appréhendoient que, s'il sortoit de son palais, il n'y eût bien des gens qui, s'étant mis sous les armes contre lui, ne vinssent à se déclarer de ses amis; desorte que, souhaitant de l'empécher de sortir & d'augmenter ses forces, ils attaquerent la place. Quand ces familles de citoyens, qui s'étoient déclarées pour le duc, virent qu'on donnoit sur elles tout de bon, elles changerent aussi-tôt de parti, puisque la fortune du duc changeoit; & tous se joignirent à leurs compatriotes, à la réserve d'Uguccione Buondelmonti, qui s'en alla au palais, & Giannozo Cavalcanti qui, s'étant retiré avec une partie de ses amis au Marché-Neuf, monta sur un banc, de dessus lequel il prioit ceux qui passoient avec leurs armes, pour aller à la place, d'y aller en faveur du duc. Et, afin de les épou-

vanter, il augmentoit beaucoup ses forces, &
les menaçoit qu'il n'en échapperoit pas un, s'ils
s'opiniâtroient à se rebeller contre leur souverain. Et comme il ne trouvoit personne qui
l'écoutât, ni qui le punît de son insolence,
voyant qu'il ne gagnoit rien, il se retira chez
lui, afin de ne se compromettre pas davantage.

Cependant le combat étoit rude sur la place
entre le peuple & les gens du duc, qui, quoique
soutenus du palais, furent pourtant vaincus. Une
partie se rendit à ses ennemis, & l'autre partie
abandonnant ses chevaux, se retira au palais. Pendant que l'on se battoit sur la place, Corso &
Americ Donati rompirent les prisons, brûlerent
les papiers du Podesta et de la chancellerie, saccagerent les maisons des recteurs, & tuerent
tous les ministres du duc qu'ils purent attrapper.
Le duc d'autre côté, voyant la place perdue &
toute la ville déclarée en faveur de ses ennemis,
& lui sans espérance de secours, voulut voir s'il
pourroit gagner le peuple par quelque action
d'humanité. Ayant donc fait venir à lui ceux
qu'il tenoit prisonniers, il les relâcha en leur
disant mille choses engageantes & honnêtes, &
même il fit Antoine Adimari chevalier contre
son gré. Il fit ôter ses armes de dessus son
palais, & y fit mettre en la place celle du
peuple. Mais tout cela étant fait à contre-tems

& trop tard, ne lui servit de rien. Il étoit donc assez chagrin de se voir assiégé dans son palais, voyant qu'il perdoit tout pour avoir voulu trop gagner, & qu'il étoit sur le point de mourir, ou par la faim, ou par l'épée.

Les citoyens s'assemblerent à Sainte Reparata pour regler le gouvernement; & pour cet effet, ils créérent quatorze citoyens, moitié du nombre des grands, & moitié des autres, à qui, conjointement avec l'évêque, ils donnerent plein pouvoir de réformer l'État de Florence. Ils créérent encore six personnes qui devoient exercer le pouvoir du Podesta jusqu'à ce qu'il y en eût un d'élu. Il étoit venu bien du monde à Florence au secours du peuple. Il y avoit entr'autres des Sienois, avec six ambassadeurs qui étoient assez considérés chez eux. Ils s'entremirent donc entre le peuple & le duc pour faire quelque accommodement. Mais le peuple ne voulut rien écouter, qu'auparavant on ne lui eût remis entre les mains Guillaume de Scesi avec son fils, & Cerretier Bisdomini. Le duc n'y vouloit point entendre; mais étant ménagé par ceux qui étoient assiégés avec lui, il se laissa forcer. Sans doute que les ressentimens éclatent avec beaucoup plus de violence lorsque l'on recouvre une liberté qui avoit été ravie, que l'orsqu'on la défend encore.

Scesi

Scesi donc & son fils furent abandonnés à des milliers de leurs ennemis, & cet enfant n'avoit pas encore atteint dix-huit ans. Cependant son âge & son innocence ne purent pas le garántir de la fureur terrible de la populace; & ceux qui ne purent pas les frapper vifs, le firent après qu'ils furent assassinés : leur rage même n'étant pas assouvie de mille coups dont ils les avoient outragés, il les déchirerent encore avec les dents & avec les mains. Enfin, pour satisfaire tous leurs sens altérés des souffrances de ces misérables; après avoir entendu les soupirs cuisans que leur arrachoit leur cruelle destinée; après avoir contemplé les blessures dont ils étoient déchirés; après avoir trempé leurs mains dans leur sang & arraché des pieces de ces malheureux cadavres; ils voulurent encore en goûter, afin que le dehors étant satisfait de cette barbarie, le dedans en ressentît aussi la cruelle & la brutale volupté. Autant que cette fureur enragée fut funeste à ces deux pauvres personnes, autant fut-elle favorable à Bisdomini; car la populace ayant déchargé toute sa férocité sur ces malheureux, elle oublia celui-ci, qui, n'étant point redemandé, demeura dans le palais, d'où ses parens le tirerent la nuit, & le mirent en lieu de sureté.

Tome IV.   N

Après que cette canaille eut donné une telle curée à sa barbarie, on demeura d'accord *que le duc s'en iroit avec ses gens & ses effets où il lui plairoit, & qu'il renonceroit à toutes ses prétentions sur Florence ; laquelle renonciation il devoit encore ratifier lorsqu'il seroit à Casentino hors des terres de la République.* Après cet accord, il partit de la ville le sixieme d'août, accompagné de bien des citoyens ; & étant arrivé à Casentino, il ratifia sa renonciation, quoiqu'à regret ; & même il n'auroit pas tenu sa parole, si le comte Simon ne l'eût menacé de le ramener à Florence.

Ce duc fut avare & cruel, difficile à donner audience, & fier dans ses réponses. Il voulut l'esclavage & non pas l'affection des peuples, ne se mettant pas en peine d'être aimé, pourvu qu'il fût redouté. Sa phisionomie marquoit beaucoup le caractere de son cœur & de son esprit. Il étoit de petite taille & noir, avec une grande barbe fort claire : desorte qu'il étoit haïssable de quelque côté qu'on le regardât. Il ne faut donc pas s'étonner si ses méchantes & tyranniques qualités lui firent perdre en dix mois une souveraineté qu'il n'avoit acquise que par les suggestions de gens mal-intentionnés.

Après ce coup-là, toutes les places dépendantes des Florentins eurent le courage de reprendre leur premiere liberté : desorte qu'Arezzo, Castilio, Pistoïe, Volterre, Collé & Saint Gimignan, se souleverent ; & par-là Florence perdit tout à-la-fois son Domaine & son Tyran ; & en recouvrant sa liberté, elle montra le chemin à ses sujets de recouvrer aussi la leur. Le duc étant donc chassé & les sujets révoltés, les quatorze citoyens & l'évêque crurent qu'il valloit mieux les adoucir par un bon accord, que de se les faire ennemis par la guerre, & qu'il falloit leur faire voir *que Florence s'intéressoit autant à leur liberté qu'à la sienne propre.* C'est pourquoi ils envoyerent des Ambassadeurs à Arezzo pour renoncer au droit qu'on avoit sur eux, & pour faire un traité avec eux, *par lequel on pût se prévaloir de leur Etat comme étant allié, puisqu'on ne pouvoit plus le faire comme étant sujet.* On s'accorda aussi le mieux que l'on pût avec les autres Villes, ne cherchant qu'à se les conserver pour amies, afin qu'on pût se secourir & s'aider mutuellement à se conserver libres. Cette prudente conduite eut un succès tout-à-fait heureux ; car, Arezzo se remit peu d'années après sous la domination des Florentins, & les autres places ne tarderent que quelques mois à rentrer dans l'obéissance où elles étoient auparavant : car l'on obtient plus souvent sans risque & sans dépense ce qu'on ne recherhe pas, que ce que l'on poursuit opiniâtrement.

Après avoir donné ordre aux affaires du dehors, on se tourna du côté de celles du dedans ; &, après quelques contestes entre les grands & les autres, il fut conclu *que les grands auroient la troisieme partie du gouvernement & la moitié des autres charges.* La ville, comme l'on sait, étoit partagée en six quartiers, ce qui étoit cause qu'on avait fait six Seigneurs, afin que chaque quartier eût le sien. Quelquefois on avoit été obligé d'augmenter ce nombre jusqu'à douze ou treize ; peu-à-près on le réduisoit au premier. On jugea donc à propos de réformer cela, parce que les quartiers étoient mal partagés, & pour ce aussi que les grands entrant dans le gouvernement, il falloit bien augmenter le nombre des Seigneurs. On partagea donc la ville en quatre parties ; & dans chacune on fit trois Seigneurs. On ne parla point du Gonfalonier de justice, ni de ceux des compagnies du peuple, et au-lieu des douze bons hommes on fit huit conseillers, quatre de chaque condition.

Le gouvernement étant formé et fixé de cette maniere, la ville auroit été toujours tranquille, si les grands eussent pu se résoudre à vivre avec la retenue et la modestie nécessaires dans une république. Mais c'étoit tout le contraire ; car hors des charges ils ne vouloient point d'égaux, & dans les charges ils vouloient être les maîtres ; desorte que tous les jours on voyoit quelqu'effet de leur insolence et de leur orgueil, ce qui chagrinoit fort le peuple, qui disoit, *que de la perte d'un tyran il en étoit né mille.*

L'insolence augmentant d'un côté & les ressentimens de l'autre, les principaux du peuple firent voir à l'évêque les malhonnêtetés des grands, & comment ils se séparoient des autres. Ils le persuaderent donc de faire ensorte que se contentant des autres charges, ils laissent celles des Seigneurs entre les mains des autres citoyens. L'évêque étoit naturellement bon, mais aisé à tourner, tantôt d'un côté, tantôt de l'autre. Delà vint qu'à l'instance des gens de son rang il entra d'abord dans les intérêts du duc d'Athenes ; ensuite étant persuadé par quelques citoyens, il conspira contre lui. En réformant l'État, il avoit favorisé les grands ; à présent il juge à propos de favoriser le peuple, persuadé par les raisons que les principaux de ce corps lui alleguoient : & s'imaginant trouver chez les autres la même facilité qui étoit en lui, il crut qu'il termineroit l'affaire à l'amiable.

N 3

Il assembla donc les douze qui n'avoient pas
encore perdu leur autorité ; & en leur alléguant
les meilleures raisons qu'il put , il leur conseilla
de céder toutes les charges de la seigneurie au
peuple , leur disant *que c'étoit le seul moyen de
conserver la ville en paix , & de prévenir leur
perte à eux-mêmes.* Ce discours de l'évêque outra
les grands , & Ridolfe de Bardi le releva aigre-
ment , l'appellant homme sans foi , l'accusant de
légéreté dans l'amitié qu'il eut d'abord pour le
duc , & de trahison dans son changement pour
lui : concluant enfin qu'ils s'exposeroient à toutes
sortes de risques pour conserver le grade qu'ils
avoient acquis au péril de leur vie ; & tout en
colere contre l'évêque , il se leva , & s'en alla
avec les autres chez toutes les personnes de qualité communiquer ce que l'évêque leur venoit de
dire. Les autres citoyens allerent de même chez
leurs égaux , à qui ils communiquerent leur pensée ; & pendant que les grands cherchoient du
secours , & disposoient toutes choses à la défense
des Seigneurs de leur ordre , le peuple crut qu'il
falloit les prévenir. Ils coururent donc en armes
au palais , criant qu'ils vouloient *que les grands
renonçassent à leur seigneurie.*

Le tumulte & le bruit étoient grands ; les
Seigneurs se voyoient abandonnés , parce que les

grands voyant tout le peuple en armes, ils n'oserent pas les prendre, chacun demeurant chez soi : desorte que les Seigneurs qui étoient de la bourgeoisie, firent d'abord leurs efforts pour appaiser le peuple, assurant que leurs collegues étoient gens d'honneur & modérés. Mais n'ayant pu obtenir ce qu'ils demandoient, le moins mauvais parti qu'il y eut à prendre, fut de renvoyer chez eux les Seigneurs qui étoient du corps de la noblesse, & ils eurent assez de peine à y arriver sains & saufs.

Après que les grands eurent quitté le palais, on cassa encore les quatre conseillers de leur ordre, & on en fit jusqu'à douze, tirés d'entre le peuple ; & aux huit Seigneurs qui restoient, on joignit un Gonfalonier de justice, & seize Gonfaloniers des compagnies du peuple. Ils réformerent enfin tellement tous les conseils que tout le gouvernement demeura entre les mains du peuple.

Quand tout cela arriva, la cherté étoit grande dans la ville, desorte que les grands & la populace étoient tous mécontens ; les uns pour avoir perdu leur autorité, & les autres pour être pressés de la nécessité. Cette conjoncture fit naître dans l'esprit d'André Strozzi la pensée de s'assujettir la ville. Pour cet effet, il commença par faire meilleur marché de son bled que les autres ;

desorte qu'il y avoit un grand concours de peuple chez lui. Cela lui fit prendre la résolution de monter un jour à cheval, suivi de quelques-uns de ces gens-là, & d'inviter le peuple à prendre les armes. Ainsi en peu de tems, il assembla plus de quatre mille hommes, avec lesquels il alla à la place, demandant aux Seigneurs de leur ouvrir le palais. Mais les Seigneurs, & par les menaces, & par les armes mêmes, les en éloignerent. Après cela, à force de bans publiés contr'eux, ils s'épouvanterent tellement, que peu-à-peu chacun se retira chez soi; desorte que Staozzi, demeurant seul, eut bien de la peine, en fuyant, à ne pas tomber entre les mains du magistrat.

Cet accident, quoique téméraire, & terminé comme le sont d'ordinaire semblables émeutes, ne laissa pas de donner l'espérance aux grands de mâter tous les citoyens de médiocre condition (1), s'étant apperçus par cet exemple que la populace ne les aimoit pas. Or, afin de ne pas perdre une si bonne occasion, ils résolu-

______

(1) C'est ainsi que j'ai traduit le terme de *Popolo* par opposition à celui de la *Plebe*, que j'ai rendu par le terme de *Populace*.

rent de se pourvoir de toutes sortes de secours,
pour, selon les regles de l'équité, rentrer par
force dans l'autorité dont on les avoit injuste-
tement dépouillés par la force. Ils se flattoient
d'une si forte espérance de venir à bout de
leurs desseins, qu'ils se munissoient d'armes aux
yeux de tout le monde, fortifiant leurs maisons
& envoyant demander du secours jusqu'en Lombardie. Le peuple, d'autre côté, & les Seigneurs, se précautionnoient, s'armoient, &
envoyoient demander du renfort à Seine & à
Perousse. L'on avoit déjà reçu des secours
chacun de son côté, & la ville étoit toute en
armes. Les grands, qui étoient logés en deça
de l'Arne, s'étoient fortifiés en trois endroits;
au logis des Cavicciuli, proche de Saint Jean;
aux maisons des Pazzi & des Donati, à Saint
Pierre majeur; & à celle des Cavalcanti, au
Marché Neuf. Ceux de delà l'Arne s'étoient fortifiés sur les ponts & dans leurs rues. Les Nerli
défendoient le pont de la Carraia; les Frescobaldi & les Manelli défendoient celui de la
Trinité; les Rossi & les Bardi gardoient le pont
vieux & celui de Rabaconte.

La bourgeoisie, de son côté, s'assembla sous
l'étendart de la justice & sous les enseignes des
compagnies du peuple. Les choses étant ainsi

disposées, les bourgeois crurent qu'il ne falloit pas différer davantage le combat, & les premiers d'entre eux qui se mirent en mouvement, furent les Médicis & les Rondinelli qui attaquerent les Cavicciulli par l'endroit qui va dans leurs maisons du côté de la place de Saint Jean. Le combat fut rude en cet endroit, parce que les attaquans étoient maltraités du haut des tours partout ce qu'on leur jettoit sur le corps, & d'en bas, ils étoient fort incommodés des arbalêtres. On se battit là trois heures entieres : cependant le nombre des attaquans augmentoit, ensorte que les Cavicciulli se voyant accablés par la quantité, sans espérance de secours, perdirent cœur, & se rendirent à la discrétion de leurs ennemis. L'on ne toucha ni à leurs maisons, ni à leurs biens ; on se contenta de les désarmer, & de leur commander de se disperser dans les maisons de ceux des bourgeois qui seroient de leurs parens, ou de leurs amis.

Quand ce côté-là fut emporté, les Donati & les Pazzi succomberent facilement, n'étant pas en si bon état que les autres. Il n'y avoit donc plus en deçà de l'Arne, que les Cavalcanti qui étoient postés très - avantageusement, & qui étoient forts de monde. Cependant, se voyant tous les Gonfaloniers à dos, & que les autres

n'avoient pu résister à trois seules de ces compagnies-là, ils se rendirent sans marchander beaucoup : ainsi les trois postes fortifiés de la ville
étoient entre les mains de la bourgeoisie. Il ne
restoit plus que le quartier de delà l'Arne ; mais
qui étoit le plus difficile, parce que ceux qui le
gardoient étoient forts & bien retranchés par la
riviere : il falloit donc gagner les ponts qui étoient
fortifiés de la maniere que nous l'avons marqué.

Le pont vieux fut celui qu'on attaqua le
premier ; mais il fut défendu vigoureusement,
parce qne les tours en étoient bien munies, les
avenues en étoient fort bien barricadées, & les
barricades étoient gardées par des gens intrépides : desorte que la bourgeoisie fut repoussée
avec grande perte. Ayant donc vu qu'ils se consumeroient-là inutilement, ils tâcherent de forcer
le pont de Rabaconte, où, trouvant les mêmes
obstacles, ils se contenterent de laisser à ces
deux ponts quatre compagnies ; & avec les autres ils allerent attaquer le pont de la Carraia,
où, quoique les Nerli qui les gardoient fissent
des merveilles, ils ne purent pourtant soutenir
la violence des attaquans, parce que le pont étoit
moins bien en défense, n'ayant point de tours,
& parce aussi que les Capponi & autres familles
de la bourgeoisie de leur voisinage les attaque

rent de l'autre côté. Se voyant donc pris de toutes parts, ils abondonnerent leurs barricades, & laisserent le passage libre à leurs ennemis, qui, après cela, emporterent aussi les Rossi & les Frescobaldi, parce que toute la bourgeoisie de delà l'Arne se joignit aux victorieux.

Il ne restoit donc plus que les Bardi qui ne purent être ébranlés ni par la défaite de tous leurs amis, ni par l'union de toute la bourgeoisie contr'eux, ni par le peu d'espérance de secours, & ils aimoient mieux mourir les armes à la main, & voir brûler & saccager leurs maisons, que de se rendre à la discrétion de leurs ennemis. Ils se défendoient donc si courageusement, que les attaquans tâcherent bien des fois inutilement & avec perte de plusieurs d'entr'eux, de les forcer, ou sur le pont vieux, ou sur le pont de Rabaconte. Il y avoit autrefois un chemin qui alloit de celui de Rome sur la coline de St-George, entre les maisons des Pitti & les murailles de la ville qui sont de ce côté-là. Les attaquans y envoyerent six compagnies, avec ordre d'attaquer les maisons des Bardi par derriere. Les Bardi commencerent à perdre courage par cette attaque, & leurs ennemis à venir au-dessus de leurs entreprises ; car ceux qui gardoient les barricades, voyant leurs maisons attaquées, quitterent leur poste pour les aller défendre. Cela fut cause qu'on emporta la barricade du pont vieux, & que les Bardi furent mis en fuite de tous côtés & reçus par les Quaratesi, les Panzanesi & les Mozzi. Cependant le menu-peuple, affamé de pillage, saccagea leurs maisons, les ayant vuidées de tout ce qu'il y avoit ; il rasa aussi leurs tours & leurs palais avec une telle rage, que le plus grand ennemi du nom Florentin auroit eu honte d'en faire autant.

Les grands étant donc abbattus, l'Etat fut réformé par le peuple, qui étant de trois classes, les puissans, les médiocres & le menu-peuple, il fut ordonné que ceux du premier ordre auroient deux Seigneurs d'entr'eux ; les autres deux classes en devoient avoir chacune trois ; & le Gonfalonier devoit être pris tantôt des uns, tantôt des autres. Outre cela, l'on renouvella tous les ordres de justice faits contre les grands ; & afin de les affoiblir, ils en mêlerent beaucoup avec la populace. Cet abbaissement des nobles fut grand, & les mâta si fort, qu'ils n'oserent jamais plus prendre les armes contre leurs concitoyens ; mais de plus en plus on les voyoit s'humaniser & méme s'abbaisser : & cela fut cause que Florence perdit l'exercice de la guerre, & même tous les sentimens de gloire & de grandeur.

Après cette défaite, la ville demeura en paix jusqu'en mil trois cent cinquante-trois, & dans cet intervalle il survint cette contagion si fameuse, que Bocace décrit si éloquemment, & qui emporta dans la ville quatre-vingt-seize mille ames. Les Florentins eurent aussi dans le même intervalle la guerre avec les Visconti, qui leur fut suscitée par l'ambition de l'archevêque duc de Milan. Mais dès que cette guerre fut finie, les factions commencerent dans la ville ; & quoique la noblesse fût détruite, la fortune ne manqua point de nouveaux moyens pour faire renaître de nouveaux desordres.

Fin du second Livre.

HISTOIRE

DE

FLORENCE.

LIVRE TROISIEME.

Tous les grands désordres qui arrivent dans les républiques n'ont point d'autre source que la division qui se rencontre d'ordinaire entre le peuple & la noblesse, parce que celle-ci voulant dominer, & l'autre ne voulant pas obéir, cette diversité d'humeurs est l'origine de tous les autres maux qui font naître les dissensions & les guerres civilles. L'ancienne Rome n'a été jetée que par-là dans les troubles dans la division ; & s'il est permis de faire une comparaison aussi inégale, c'est aussi là l'origine des discordes de Florence, quoiqu'avec des effets bien différens dans l'une & dans l'autre ; car la mésintelligence qui naissoit d'abord entre la noblesse & le peuple Romain se terminoit par la dispute, mais celle de Florence ne se terminoit que par le combat. Une loi suffisoit pour étouffer l'animosité qui naissoit à Rome ; mais à Florence, elle ne pouvoit s'éteindre que par le sang ou par l'exil de plusieurs citoyens. Les différens de Rome augmenterent la valeur militaire ; mais à Florence, ils la détruisirent entierement. Enfin tous les contestes qui arrivoient à Rome, ont produit une surprenante inégalité entre des citoyens égaux entr'eux d'abord ; mais celles de Florence ont rendu égaux des citoyens qui, avant cela, ne l'étoient nullement. Il faut que cette grande diversité soit née des fins différentes que ces deux peuples se sont proposées : car à Rome le peuple vouloit partager les premiers emplois avec la noblesse ; mais à Florence le peuple combattoit pour que la noblesse n'eût aucune part aux charges. Et parce que l'intention du peuple Romain étoit plus équitable, les nobles n'en étoient pas ulcérés comme à Florence, & ils cédoient aisément sans en venir aux armes ; desorte qu'après quelques contestes de part & d'autre, il survenoit une loi, qui, satisfaisant le peuple, maintenoit la noblesse dans ses prérogatives.

D'autre

D'autre côté les prétentions du peuple Florentin étoient injustes & injurieuses ; ce qui rendoit la noblesse plus animée à sa défense, faisoit répandre le sang des citoyens, & produisoit tant de bannissemens. Les loix aussi, qui survenoient après cela, n'étoient faites qu'à l'avantage du vainqueur, sans aucun égard au public : mais les avantages que le peuple obtenoit à Rome, produisoient un grand bien, la république devenant par-là plus remplie de valeur & de mérite, parce que les nobles partageant la magistrature & le commandement des armées avec les autres, ceux-ci se conformoient aux gens de qualité, & en acquéroient tout ce qui les doit distinguer du reste des hommes ; ainsi le mérite devenant général, la puissance de la république augmentoit beaucoup. Mais quand le peuple à Florence avoit le dessus, il dépouilloit les nobles de toutes les charges ; & s'ils vouloient y rentrer, il falloit qu'ils se conformassent entierement aux manieres populaires. C'est ce qui leur faisoit changer leurs titres & leur armes, afin qu'on les crût être des familles d'entre le peuple. Ainsi la valeur militaire & la grandeur d'ame que doivent avoir des gens de qualité s'éteignoient entierement chez les grands de Florence, & ne s'excitoient point du tout parmi le peuple, où d'ordinaire

elles ne se trouvent pas. Florence donc devint par-
là plus vile & plus abjecte ; & au-lieu qu'à Rome
le mérite étant dégénéré en orgueil, on ne pouvoit plus subsister sans un Monarque ; à Florence, on est venu dans un tel état, qu'un prudent législateur la pourroit rétablir dans toutes
sortes de gouvernement. Tout ce que je viens de
dire se peut aisément remarquer par la lecture du
précédent Livre, où, après avoir fait voir l'origine
de Florence & la naissance de sa liberté ,avec les
causes de ses différentes divisions, & comment le
parti des nobles & celui du peuple avec la tyrannie du duc d'Athènes, prirent fin par la ruine de
la noblesse, il ne nous reste plus qu'à faire voir
les brouilleries qui survinrent entre la bourgeoisie & la populace, & les différens événemens que
cela produisit.

Après donc que l'autorité des grands fut détruite,
& que la guerre avec l'archevêque de Milan fut
terminée, il ne sembloit plus qu'il restât aucune
cause de désordre à Florence : mais sur-tout la
mauvaise destinée de notre ville & son mauvais
gouvernement donnerent la naissance à la division qui survint entre la famille des Albizi &
celle des Ricci, qui partagea Florence justement
comme avoit fait celle d'entre les Uberti & les
Buondelmonti, & ensuite celle d'entre les Donati

& les Cerqui. Les papes, qui pour lors étoient en France, & les empereurs, qui étoient en Allemagne, afin de maintenir leur autorité en Italie, y avoient envoyé à divers tems des troupes de différentes nations ; desorte qu'alors on y voyoit des Allemands, des Anglois & des Bretons. Ces gens-là, quand les guerres étoient terminées, se voyant sans paye, arboroient l'étendart de la bonne avanture, & rançonnoient, tantôt un État, & tantôt l'autre. Il vint donc en Toscane, en l'an mil trois cent-cinquante-trois, une de ces compagnies commandée par monseigneur de la Reale, Provençal. Cette venue donna l'épouvante à toutes les villes de ces provinces ; & après que les Florentins eurent fait des levées pour l'État, plusieurs particuliers d'entre eux en firent aussi pour leur propre défense : du nombre de ceux-là se trouverent les Albizi & les Ricci ; & comme ils étoient remplis d'aversion les uns pour les autres, ils cherchoient les moyens de s'entredétruire, afin de pouvoir s'emparer de la souveraineté. Ils n'en étoient cependant pas encore venus aux armes ; mais dans les conseils & dans la magistrature, ils se traversoient autant qu'ils pouvoient. La ville étant donc sous les armes, il se fit par hasard une querelle dans le Marché - Vieux, où bien du peuple s'assembla.

comme il arrive en semblables rencontres. Le bruit de ce démêlé se répandant, on vint dire aux Ricci, que les Albizi venoient pour les attaquer : on dit aussi, d'un autre côté, aux Albizi, que les Ricci les cherchoient pour les charger. Ce bruit fit soulever toute la ville ; & le magistrat eut assez de peine à empêcher que l'une & l'autre famille n'entrât effectivement dans un combat, dont le bruit avoit été répandu sans la participation, ni des uns, ni des autres. Ce léger accident ne laissa pas de les animer encore davantage les uns contre les autres , & leur fit rechercher avec soin les moyens d'augmenter & de fortifier chacun son parti. Et parce que l'extinction des grands avoit rendu les magistrats plus absolus qu'ils ne l'étoient auparavant, ils résolurent de l'emporter les uns sur les autres par les voies de la justice, & sans violence.

Nous avons fait voir comment, après la victoire de Charles I. , tous les magistrats qu'on fit furent pris du parti des Guelfes, & on leur donna beaucoup d'autorité sur les Gibelins. Mais le tems , différens accidens , & les dernieres divisions avoient tellement effrayé & fait oublier ce réglement , que plusieurs des premiers magistrats se trouvoient être descendus des Gibelins. Uguccione de Ricci, chef de la famille, fit donc renouveller cette loi contre les Gibelins, parce que l'on croyoit communément que les Albizi en étoient ; & depuis long-tems ils s'étoient venus habituer à Florence, étant originaires d'Arezzo. Cela fit croire à Ricci qu'en renouvellant cette loi, il dépouilleroit les Albizi de la magistrature, parce qu'il étoit ordonné que tous les magistrats qui se trouveroient être descendus des Gibelins, seroient punis. Ce dessein étant pénétré par Pierre, fils de Philippe d'Albizi, il résolut de l'appuyer, parce que ne les faisant pas, ce seroit se déclarer Gibelin. Cette loi donc, rétablie par l'ambition des autres, bien loin d'abbaisser les Albizi, augmenta leur crédit, & fut la cause de bien des troubles : car il est certain qu'on ne peut pas établir des loix plus dangereuses dans une république, que celles qui regardent des tems fort éloignés.

Albizi donc ayant appuyé cette loi, il se trouva que ce que ses ennemis avoient prétendu devoir être un obstacle à sa grandeur en fut l'ouverture & le chemin ; car s'étant rendu chef de cet ordre nouveau, il fut favorisé par le parti des Guelfes plus que tous les autres. Or, parce qu'on n'avoit point établi de juges pour faire recherche des Gibelins, ce qui rendoit cette nouvelle loi de peu d'effet, Albizi fit donner l'or-

dre aux capitaines d'en faire la découverte ; &
après l'avoir faite, de la leur signifier en les
avertissant de n'entrer dans aucune charge, &
s'ils n'obéissoient pas à cet ordre, ils devoient
être condamnés aux peines portées par la loi.
C'est de-là qu'à Florence tous ceux qui sont
exclus des charges s'appellent des Avertis.

Les capitaines étant donc devenus plus entreprenans par cette nouvelle commission, ils ne
laissoient pas, par avarice ou par ambition, d'a-
vertir, non-seulement ceux qui le devoient être,
mais même ceux qu'il leur plaisoit. Et depuis
l'an mil trois cent cinquante-sept que cet ordre fut établi jusqu'en mil trois cent soixante-
six, il se trouvoit déjà plus de deux cents citoyens au nombre des Avertis ; desorte que les
capitaines & le parti des Guelfes étoient devenus puissans ; car chacun craignant de devenir
un Averti, respectoit les capitaines, & sur-tout
les chefs des Guelfes, qui étoient Pierre d'Albizi, Lapo de Castiglionquio, & Charles Strozzi.
Et bien que ce procédé insolent déplût à bien
des gens, il n'y en avoit point qui en fussent
si mal contens que les Ricci, pouvant s'accuser d'être la cause de l'introduction d'un ordre
qui ruinoit l'État, & qui à leur grand regret,
donnoit une grande autorité aux Albizi leurs

ennemis. Uguccione de Ricci se trouvant donc
du nombre des Seigneurs, voulu mettre fin à un
désordre que lui & les siens avoient introduit.
Il fit faire, pour cet effet une loi qui joignoit
trois nouveaux capitaines, dont deux devoient
être du nombre des petits artisans, aux six capitaines des quartiers ; & il fit ordonner que ceux
qu'on auroit découvert être Gibelins, fussent
confirmés tels par vingt-quatre citoyens commis
à cette affaire. Cette précaution modéra pour
lors la puissance des capitaines, desorte que l'a-
vertissement tomba presque entierement ; & s'il
s'en faisoit, c'étoit rarement. Cependant le parti
des Albizi & celui des Ricci avoient toujours
les yeux ouverts les uns sur les autres, & rom-
poient des loix, des ligues, des desseins, & des
délibérations, les uns en haine des autres.

On vécut dans toutes ces dissentions depuis
l'année mil trois cent soixante - six jusqu'en
soixante - onze, dans lequel tems le parti des
Guelfes reprit des forces. Il y avoit dans la maison
de Buondelmonte un gentilhomme appellé Benqui ; & on lui avoit fait la grâce de le dégrader de
noblesse, à cause qu'il avoit rendu de bons services dans la guerre contre les Pisantins ; desorte
que, par cette dégradation, il pouvoit espérer
de devenir un des Seigneurs : mais comme il étoit

sur le point d'y parvenir, il fut fait une loi par laquelle il étoit défendu à tout bourgeois descendu de famille noble d'entrer dans ces charges-là. Ceci piqua Benqui ; & s'étant joint à Pierre d'Albizi, ils résolurent, par le moyen des avertissemens, d'abbattre entierement le menu-peuple, & par-là de demeurer seuls maîtres des charges. Ainsi par le crédit que Benqui avoit dans l'ancienne noblesse, & celui qu'Albizi avoit chez la plupart des bonnes familles de la bourgeoisie, ils remirent sur pied le parti des Guelfes ; & par de certaines réformes faites à l'égard de ce parti, ils firent ensorte de pouvoir disposer & des capitaines & des vingt - quatre citoyens, commissaires dans l'affaire des Gibelins. Ainsi l'on recommença les avertissemens avec plus d'audace que jamais, & la maison d'Albizi, comme chef du parti, augmentoit toujours en autorité.

D'autre côté les Ricci prévenoient tant qu'ils pouvoient les desseins des autres, en employant le crédit de leurs amis ; ce qui faisoit vivre tout le monde dans de grandes jalousies, & chacun craignoit une ruine totale : ce qui fit que plusieurs citoyens, affectionnés au bien de la patrie, s'assemblerent dans Saint Pierre de Squerage ; & après avoir long-tems parlé de ces désordres, ils allerent trouver les Seigneurs. Celui donc d'entre eux qui avoit le plus d'autorité, leur parla en ces termes :

MAGNIFIQUES SEIGNEURS,

» Plusieurs d'entre nous faisoient difficulté de
» s'assembler par notre seule autorité particuliere,
» quoique ce fût pour ce qui regarde le bien
» public, craignant que ce procédé ne nous fît
» passer pour des présomptueux, ou condamner
» comme des ambitieux. Mais après avoir vu
» que, sans aucun égard, plusieurs citoyens
» s'assemblent dans des maisons particulieres par
» un pur motif d'ambition, sans penser à l'utilité
» publique, nous croyons que puisque des gens
» qui font des assemblées au préjudice de l'Etat,
» le font sans crainte, ceux aussi qui en font
» pour sa conservation & son bien ne doivent
» pas à plus forte raison être dans l'appréhension.
» Nous devons d'ailleurs faire peu de cas des
» jugemens que les autres peuvent faire de nous,
» puisqu'ils se mettent fort peu en peine de
» ceux que nous pouvons faire d'eux. L'atta-
» chement que nous avons pour le bien de notre
» patrie, MAGNIFIQUES SEIGNEURS, nous a
» d'abord fait résoudre à nous assembler, &

» ensuite à nous adresser à vous, afin de con-
» sulter ensemble sur les maux de l'Etat, qui
» sont déjà grands & qui croissent encore tous
» les jours, & afin de vous offrir nos services
» pour nous en délivrer. Vous pourrez y réussir,
» quoique cela paroisse difficile, pourvu que
» vous vouliez employer votre autorité avec les
» forces de la république, sans avoir aucun égard
» pour les particuliers.

» La corruption générale de tous les Etats
» d'Italie gagne aussi votre république, MAGNI-
» FIQUES SEIGNEURS, parce que, depuis que
» toute cette province de l'empire s'en est
» détachée, les villes qui la composent, n'étant
» pas retenues par un frein assez puissant, ont
» disposé leur gouvernement & leurs Etats,
» plutôt comme esclaves des différens partis,
» que comme des peuples véritablement libres.
» C'est-là l'origine de tous les désordres qui
» régnent au-milieu d'eux. Premierement, on
» ne voit ni amitié, ni union entre les citoyens,
» si ce n'est entre ceux qui sont complices de
» quelque attentat contre l'Etat ou contre des
» particuliers. Et parce que les sentimens de la
» religion & de la crainte de Dieu sont entie-
» rement éteints chez eux, ils tiennent leurs
» sermens & leur parole autant qu'ils y trouvent

» leur intérêt ; & les hommes se servent encore
» de ces liens sacrés de la bonne foi, non pour
» s'y assujettir, mais pour pouvoir abuser plus
» aisément de la simplicité des crédules : &
» plus la fourberie a des succès faciles & assurés,
» plus elle donne de gloire à celui qui l'a mise
» en usage. Cela fait aussi que les scélérats sont
» en estime comme d'habiles gens, & que les
» gens de bien sont traités comme des stupides.
» Car véritablement dans toutes les villes d'Italie
» on étudie tout ce qu'il y a de corrompu &
» qui peut corrompre les autres. Les jeunes gens
» sont fort paresseux ; les veillards sont fort
» débauchés ; tout sexe & tout âge se plonge
» dans toutes sortes de désordres ; & les bonnes
» loix étant devenues entierement inutiles par
» de si générales & de si mauvaises habitudes,
» elles n'y apportent plus de remede.

» De-là vient encore cette grande & horrible
» avarice qui regne parmi les citoyens, & ce
» desir insatiable, non de la véritable gloire,
» mais d'une autorité honteuse. Ces passions ne
» manquent pas de faire naître les haines, les
» dissentions, les différens avis, & les partis
» opposés ; & tout cela vient enfin à causer
» la mort, le bannissement, & tous les mauvais
» traitemens des gens de bien & la grandeur des

» scélérats : car les honnêtes gens se confiant
» dans leur probité, périssent sans protection
» & sans honneur, parce qu'ils ne recherchent
» pas, comme les méchans, des gens qui les
» maintiennent & qui les élevent à quelque prix
» que ce soit.

» Ce mauvais exemple produira enfin l'atta-
» chement pour les différens partis & leur
» grandeur, parce que les malhonnêtes gens les
» embrassent par ambition & par avarice, &
» les gens de bien s'y jetteront par nécessité.
» Mais ce qu'il y a de plus pernicieux, c'est
» de voir comment les chefs de ces différens
» partis les couvrent toujours du beau nom de
» la liberté, & pendant qu'ils en sont tous les
» ennemis jurés, ils l'oppriment enfin, sous
» prétexte de la conserver, ou par un gouver-
» nement populaire, ou par celui des grands ;
» car la récompense qu'ils cherchent par la
» défaite des ennemis, ce n'est pas la gloire de
» délivrer l'Etat, mais le plaisir de la vengeance
» & l'ambition d'assujettir leur propre patrie,
» dont ils n'ont pas plutôt usurpé l'autorité,
» qu'ils s'abandonnent avec nn débordement
» furieux à toutes sortes d'injustices, de cruautés
» & de rapines.

» De-là viennent des loix & des reglemens,

» qui, sans égard au bien public, n'ont pour
» objet que celui des particuliers. De-là viennent
» des guerres, des traités & des alliances, qui
» se font pour satisfaire quelques ambitieux,
» mais non pas pour la gloire de l'Etat. Or,
» si ces désordres regnent ailleurs on peut dire
» que votre république en est encore plus
» défigurée qu'aucune autre ; car les loix & les
» reglemens ne se sont jamais établis comme
» ils le doivent être dans un Etat libre ; mais
» selon le bon plaisir de ceux qui ont débusqué
» les autres. C'est ce qui fait toujours succéder
» une division à une autre, parce qu'une répu-
» blique, qui se laisse gouverner par le parti
» le plus puissant plutôt que par les loix, si-tôt
» qu'une faction est devenue la maîtresse, il
» faut aussi qu'elle vienne à se diviser elle-même,
» parce qu'elle ne se peut pas maintenir par les
» mêmes moyens particuliers qu'elle avoit établis
» d'abord pour se défendre contre les autres.
» C'est ce qui ne paroît que trop véritable par
» l'histoire de toutes les factions qui ont autrefois
» troublé notre république. Chacun croyoit
» qu'après la destruction des Gibelins les Guelfes
» devoient fleurir dans une longue tranquillité,
» comblés de biens & d'honneur ; cependant
» peu de tems après ils se diviserent dans les

» factions des Blancs & des Noirs. Les Blancs
» ont-ils été détruits ? Jamais la ville ne s'est
» vue sans divisions. Nous avons toujours com-
» battu, tantôt pour rétablir les refugiés, &
» tantôt à cause des animosités qui régnoient
» entre le peuple & la noblesse. Et afin de
» donner aux autres ce que nous ne pouvions
» ou ne voulions pas posséder nous-mêmes,
» nous avons soumis notre liberté, tantôt au
» roi de Naples, tantôt à son frere, tantôt à
» son fils, & enfin au duc d'Athènes. Cependant
» nous n'avons pu nous fixer sous aucune espèce
» de gouvernement, parce que nous sommes
» des gens qui n'avons jamais été bien unis à
» la conservation de notre liberté, sans pourtant
» pouvoir supporter l'esclavage. Nous en sommes
» même venus jusqu'à ne pas faire difficulté de
» préférer, à la majesté d'un roi qui nous gou-
» vernoit encore, la domination d'un misérable
» faquin, né dans le village d'Agobbio : tant
» il est vrai que nos mauvais reglemens sont
» capables de produire parmi nous la division
» & le désordre !

» Il ne faudroit point parler du duc d'Athènes
» pour l'honneur de cet Etat ; car sa cruauté
» & sa tyrannie nous devoient avoir rendus sages
» pour nous mieux gouverner à l'avenir. Ce-

» pendant dès que nous en fûmes délivrés,
» n'avons-nous pas pris les armes, & ne nous
» sommes-nous pas déchirés les uns les autres
» avec plus d'animosité & plus de rage que
» jamais ; de sorte que notre ancienne noblesse
» étant tout-à-fait abbattue, elle est demeurée
» à la discrétion du peuple ? Plusieurs alors
» crurent qu'on ne verroit jamais plus arriver
» de désordres ni de divisions dans Florence,
» puisqu'on avoit ruiné ceux qui, par leur
» ambition & leur orgueil insupportable, pa-
» roissoient en être la seule cause. Mais on
» voit à-présent combien aisément les hommes
» se trompent dans leurs jugemens : car au-lieu
» d'éteindre l'orgueil & l'ambition des grands,
» l'un & l'autre de ces vices est passé chez
» la bourgeoisie & la petite noblesse, qui,
» selon la coutume de tous les ambitieux,
» veulent être les maîtres dans leurs républiques.
» Et comme ils n'ont point d'autres moyens
» pour y parvenir que la division, ils l'ont
» encore introduite dans la ville, en ressuscitant
» le nom de Guelfes & de Gibelins, qui étoit
» éteint, & qu'il eût été bon de n'introduire
» jamais dans l'Etat. Le ciel a de tout tems pré-
» destiné certaines familles fatales aux Etats où
» elles se trouvent, afin qu'il n'y ait rien de

» fixe & de tranquille ici-bas. Or, notre ville
» a été fertile par-dessus toutes les autres en
» semblables productions ; car elle a été troublée
» par un grand nombre de ces sortes de familles,
» témoin celles des Buondelmonti & des Uberti
» en premier lieu ; ensuite celles des Donati &
» des Cerqui ; & enfin ce qui n'est pas moins
» honteux que ridicule, ce sont à-présent les
» Ricci & les Albizi qui la partagent en factions,
» & qui la tiennent en combustion.

» Nous ne vous avons point représenté la
» corruption des mœurs & nos continuelles
» factions pour vous épouvanter, mais afin de
» vous en faire voir la cause & vous en renou-
« veller l'origine ; pour vous montrer, que,
» si vous ne les avez pas oubliées, nous nous
» en souvenons aussi ; & pour vous faire voir
» que les fâcheux exemples ne doivent pas vous
» faire desespérer de pouvoir remédier à ceux-ci :
» car l'autorité de ces anciennes familles étoit
» si grande, & l'appui que différens princes
» leur donnoient étoit si puissant, que les loix
» d'une république n'avoient pas assez d'autorité
» pour les tenir dans le devoir. Mais à-présent
» que l'empire n'a plus de forces, que le pape
» n'est plus redoutable, & que toutes les puis-
» sances d'Italie aussi bien que cette république,

sont

» sont sur un pied d'égalité, & qu'elles se
» peuvent gouverner par elles-mêmes, la diffi-
» culté n'est pas bien grande : & même cet Etat
» se peut, malgré les anciens exemples du con-
» traire, maintenir dans l'union & se réformer,
» tant pour les mœurs que pour le gouvernement,
» pourvu que V. S. veuille bien l'entreprendre.
» C'est à quoi nous vous encourageons, nous
» qui, sans aucun motif particulier, n'avons
» d'autre vue que l'utilité de notre chere
» patrie.

» Mais quoique cette réformation soit un
» grand ouvrage, vous devez pourtant com-
» mencer dés-à-présent à arrêter cette gangrene
» qui nous ronge, & ce venin qui nous em-
» poisonne ; ayant bien dans l'esprit, que tous
» les désordres d'autrefois n'étoient nullement
» des choses attachées à la constitution de
» l'homme, mais à la conjoncture des tems,
» qui étant changés, vous pouvez aussi vous
» promettre une meilleure fortune, dans le
» dessein de conserver l'Etat par les bons
» ordres que vous y établirez. Vous pourrez
» aisément réprimer l'ambition de ceux qui le
» troublent, en abolissant les loix qui entre-
» tiennent les factions, & ne laissant en vigueur
» que celles qui sont propres pour la conser-

» vation de l'union & de la liberté de notre
» république. Sur-tout entreprenez cet ouvrage
» pendant qu'il est encore tems de le faire par
» le seul secours des loix, sans différer jusqu'à
» ce qu'il soit besoin d'employer les armes pour
» en venir à bout «.

Les Seigneurs touchés de ce qu'ils n'avoient déjà que trop ressenti d'eux-mêmes, & se voyant fortifiés par le conseil & l'autorité de ces gens-ici, donnerent le pouvoir à cinquante-six citoyens de travailler à la conservation de la république. Plusieurs personnes, dont le pouvoir est égal dans une affaire de cette nature, sont plus pro-pres à conserver de bons ordres déjà établis, qu'à en trouver de nouveaux d'eux-mêmes. Ainsi ces citoyens s'attacherent davantage à dissiper les partis qui régnoient alors, qu'à ôter la source & l'origine qui en pouvoient produire d'autres à l'avenir, ce qui fit que leurs soins ne furent d'au-cune utilité ; car n'ôtant point la cause des fac-tions présentes, ils en rendirent seulement l'une d'elles plus puissante que l'autre, & mirent par conséquent l'État en plus grand péril qu'il n'é-toit.

Ils ôterent donc des charges trois personnes de chacune des familles des Albizi & des Ricci, du nombre desquelles étoient Pierre d'Albizi &

Uguccione de Ricci ; mais ils ne les dépouillerent que pour trois ans, & encore leur laisserent-ils les charges qu'on avoit établies pour le parti des Guelfes contre les Gibelins. Ils défendirent à tous citoyens d'entrer au palais, si ce n'est aux heures que les magistrats y étoient. Ils ordonnerent que tous ceux qui seroient maltraités, ou dans leurs personnes ou dans leurs biens, pussent par une requéte présentée aux conseils établis pour cela, accuser leur patrie, faire informer l'affaire par les grands, & l'accusé étant convaincu, se soumettre à leur jugement. Ces nouveaux reglemens abaisserent la faction des Ricci, & éleverent celle des Albizi : car quoique l'une & l'autre fût également notée par·là ; cependant les Ricci en souffrirent davantage : car si Albizi fut exclus du palais des Seigneurs, celui des Guelfes où il avoit tout pouvoir, lui fut toujours ouvert ; & si avant cela lui & ses adhérens étoient ardens à avertir, ils le furent encore bien plus dans la suite. Cette mauvaise intention fut même encore augmentée par de nouvelles conjonctures.

Grégoire XI, qui étoit à Avignon, gouvernoit ses États d'Italie par des légats, comme l'avoient pratiqué ses prédécesseurs ; & comme ces légats étoient remplis d'avarice & d'orgueil, ils avoient désolé beaucoup de villes. L'un d'eux

étant alors à Boulogne, & voyant la cherté de
bled qui étoit cette année à Florence, voulut
tirer avantage de la conjoncture, & forma le
dessein de se rendre maître de toute la Toscane : desorte que bien loin de leur fournir des
vivres, il voulut même leur en ôter l'espérance
pour l'avenir ; car, dès que le printems fut venu,
il attaqua la République avec une puissante armée, espérant avoir bon marché de gens affa-
més, & qui n'avoient pas eu le tems de se mettre
sur leurs gardes. Et peut-être auroit-il réussi dans
son dessein, si les troupes qu'il employoit n'a-
voient pas été des gens mercenaires & infideles ;
car les Florentins n'ayant pas d'autres remedes
en main, ils leur donnerent cent trente mille
florins, & leur firent abandonner ce dessein.
On commence les guerres quand on veut, mais
on ne les finit pas de même. Le légat l'ayant
donc commencée de gaieté de cœur, les Florentins la continuerent par pique & par animosité, s'étant ligués avec Barnabo & toutes les
villes ennemies des ecclésiastiques. Ils établirent
donc huit personnes pour la conduite de cette
guerre, avec plein pouvoir d'agir sans appel, &
de faire la dépense sans rendre compte. Cette
guerre, entreprise contre le pape, fit ressusci-
ter le parti des Ricci, quoiqu'Uguccione fût

mort ; car ces gens-là avoient toujours épousé les intérêts des Barnabo contre ceux des ecclésiastiques ; & ils pouvoient le faire d'autant plus aisément, que les huit étoient tous ennemis du parti des Guelfes. Cela fit donc que Pierre d'Albizi, Lapo de Castiglionquio, Charles Strozzi, & les autres, s'unirent encore plus étroitement pour être plus en état de nuire à leurs ennemis. Et pendant que les huit faisoient leur charge, & que les autres avertissoient, la guerre dura trois ans, & ne se termina que par la mort du pape ; mais elle fut conduite avec tant de prudence & de valeur, & avec une approbation si générale, que tous les ans on confirmoit les huit dans les commissions, & on les traitoit de Saints, quoiqu'ils eussent méprisé les excommunications, pillé les églises, & obligé les prêtres, à coups de bâton, de faire le service : tant il est vrai que les citoyens avoient bien plus de soin de leur patrie que du salut de leurs ames ! Ils firent donc voir par-là qu'ils n'étoient pas moins dangereux ennemis des papes, alors qu'ils y étoient obligés, qu'ils en avoient été des amis d'un grand secours dans les tems qu'ils devoient l'être : car, dans cette guerre, ils firent soulever contre l'église toute la Romagne, toute la Marche d'Ancone & Perouse. Néanmoins, pendant qu'ils

faisoient une si rude guerre au pape , ils ne pouvoient pas se défendre eux-mêmes contre les
capitaines des quartiers & leur faction , parce
que l'envie que les Guelfes avoient contre les
huit , les rendoit encore bien plus entreprenans ;
& sans se contenter d'insulter les plus considérables citoyens , ils entreprirent quelques-uns
des huit mêmes. Cela donna tant d'orgueil aux
capitaines des quartiers, qu'ils étoient beaucoup
plus redoutés que les Seigneurs à qui l'on rendoit
bien moins d'honneur qu'à ces gens-là , & l'on
faisoit plus de cas du palais des quartiers, que
de celui des Seigneurs ; ensorte qu'il ne venoit
point d'ambassadeur à Florence qui n'eût ordre
de s'adresser aux capitaines.

Grégoire XI étant mort , & la république
n'ayant plus de guerre au-dehors , on vivoit au-
dedans dans un grand désordre ; car si tout le
monde sentoit bien l'excessive audace des Guelfes , on ne voyoit point de moyens de l'abbattre :
desorte que chacun jugeoit qu'on ne pouvoit
pas éviter d'en venir aux armes , afin de décider
qui des deux palais devoit être le maître.

Le parti des Guelfes étoit composé de tous les
anciens nobles , avec la plus grande partie des plus
puissans citoyens , & Albizi , Castiglionquio,
& Strozzi , en étoient les chefs. L'autre parti

étoit composé des médiocres bourgeois, dont les chefs étoient les huit commissaires de la guerre & George Scali, Thomas Strozzi étant à leur tête. Les Ricci, les Alberti & les Médicis se joignirent aussi à eux. Pour la populace, elle suivit le parti des mécontens, comme cela arrive presque toujours. Les chefs du parti des Guelfes trouvoient les forces de leurs ennemis grandes, & par conséquent ils se croyoient en grand danger si-tôt qu'une seigneurie, qui ne seroit pas remplie de leurs amis, voudroit les entreprendre. Trouvant donc nécessaire de les prévenir, ils firent une assemblée, où, après avoir fait un examen de l'état de la république & de celui de leurs forces, ils trouverent que le nombre des avertis leur avoit attiré tant d'ennemis, que presque toute la ville pouvoit bien se compter pour telle ; & à cela ils ne trouvoient point d'autre remede que de les chasser de l'État après les avoir exclus, comme ils avoient fait, de l'entrée des charges : & ainsi s'emparant par force de la seigneurie, il falloit mettre tout le gouvernement entre les mains de leurs partisans, comme avoient fait les anciens Guelfes, qui ne purent jamais vivre en repos qu'après avoir chassé tous leurs ennemis. Chacun étoit de cet avis ; mais ils disconvenoient sur le tems de le mettre en exécution.

On étoit alors au mois d'avril de l'an mil trois cent soixante & dix-huit, & Castiglionquio soutenoit qu'il ne falloit pas différer davantage ; disant *qu'il n'y avoit rien de si contraire au tems, que le tems même, & sur-tout à eux*, parce que dans la seigneurie suivante il pouvoit aisément arriver qu'on feroit Gonfalonier Salvestre de Médicis qui leur étoit fort opposé. Pierre d'Albizi jugeoit, au contraire, qu'il falloit différer, parce qu'il soutenoit qu'on avoit besoin de forces pour une telle entreprise, & qu'il n'étoit pas possible de les assembler sans éclat ; qu'en tel cas ils s'exposoient à un danger manifeste. Il étoit donc d'avis qu'on attendît jusqu'à la Saint Jean, parce que dans cette fête, qui est si solemnelle à Florence, il entre beaucoup de gens en ville, ce qui leur fourniroit un moyen honnête de faire entrer tout ce qu'il leur plairoit ; & pour empêcher que Médicis ne devînt Gonfalonier, qu'il n'y avoit qu'à lui donner l'avertissement ; & si cela ne se pouvoit faire à son égard qu'il n'y avoit qu'à le donner à un de ceux du college de son quartier, lequel sortant de ce poste, il pouvoit y en entrer un autre, (les bourses étant

vuides) sur qui le sort tomberoit peut-être, ou
sur un autre prétendant, aussi-bien que sur lui.
Voilà donc quelle fut la conclusion qu'on prit,
quoique Castiglionquio eût peine à y consentir,
parce qu'il croyoit que le délai étoit préjudiciable, & qu'il n'y avoit jamais de conjoncture
entierement favorable dans toutes les affaires
qu'on entreprenoit; desorte que qui attend jusqu'à ce qu'il rencontre une occasion parfaite,
jamais il n'entreprendra une chose; ou, s'il l'en-
treprend, il en sortira souvent mal. Ils donnerent
donc l'avertissement à ce collegue-là; mais ils ne
purent pas venir à bout d'exclure Médicis, parce
que le dessein étant éventé par les huit, ils firent
ensorte qu'on ne remplît point la place vuide.
Ainsi il échût à Salvestre, fils d'Alman de Médicis, d'être Gonfalonier, qui étant issu d'une
très-illustre famille de la bourgeoisie, il ne pouvoit
souffrir que le peuple fût opprimé par un petit
nombre de gens de qualité. Il forme donc le dessein
de mettre fin à de telles insolences; & étant aimé
du peuple & de plusieurs gentilshommes de sa
sorte, il communique son dessein à Benoît Al
berti, Thomas Strozzi, & George Scali, qui
lui promirent de l'assister dans ce projet de tout
leur pouvoir.

Ils firent donc en secret une loi qui renouvel-

loit les ordres de la justice contre les grands,
diminuoit l'autorité des capitaines & des quartiers, & rétablissoit les Avertis dans toutes leurs
dignités. Et afin de la demander & l'obtenir tout
à-la-fois, quoiqu'on dût délibérer dans les colleges, & ensuite dans les conseils, Salvestre de
Médicis étant Gonfalonier, qui est une charge
qui ne donne guere moins d'autorité à un homme
pendant qu'il en est revêtu, que s'il étoit souverain dans la ville, il fit assembler en un même
matin & le college & le conseil ; & d'abord,
s'adressant au college séparé du conseil, il leur
proposa la loi résolue, qui, dans un si petit
nombre, rencontra tant d'obstacles, à cause de
ss nouveauté, qu'elle ne passa point. Ainsi Médicis se voyant déchu de son espérance dès sa
premiere démarche, feignit d'être obligé de sortir de-là pour quelques affaires ; & sans que personne s'en apperçût, il alla au conseil, où s'étant
mis dans une place élevée, d'où chacun pouvoit
le voir & l'entendre, il dit » qu'il croyoit avoir
» été fait Gonfalonier, non pas pour juger quel-
» ques procès entre des particuliers qui ont des
» juges établis pour cela, mais pour veiller à la
» conservation de l'État, en réprimant l'inso-
» lence des grands, & en modérant les loix,
» dont l'abus peut ruiner la république ; qu'il

» avoit murement délibéré sur l'une & sur l'au-
» tre de ces affaires , & qu'il avoit voulu y don-
» ner ordre de tout son pouvoir ; mais que la
» malice des hommes mettoit tant d'obstacles à
» ses justes desseins , que cela lui ôtoit les
» moyens de rien faire de bon , & que pour eux
» on leur ôtoit non-seulement le pouvoir d'en
» délibérer , mais même d'en entendre parler ;
» que , voyant donc qu'il n'étoit plus en état de
» servir la république , ni de procurer le bien
» du peuple , il n'avoit plus rien qui l'obligeât
» à garder cette charge , dont aussi-bien il n'é-
» toit pas digne , ou au-moins , croyoit-on qu'il
» ne la méritoit pas ; que , pour cet effet , il
» vouloit se retirer chez lui , afin que le peuple
» pût en mettre un autre en sa place qui eût
» plus de mérite ou plus de bonheur «. En finissant ce discours , il sortit du conseil pour se
retirer chez lui.

Ceux qui dans le conseil avoient connoissance de la chose , & ceux aussi d'entr'eux qui
souhaitoient du changement dans les affaires, firent
un grand bruit ; à ce bruit les Seigneurs et colleges accoururent. Tous voyant que leur Gonfalonier s'en alloit , ils le prièrent , & employe-
rent même leur autorité pour le retenir , le faisant
rentrer dans le conseil , qui étoit dans un grand

tumulte : desorte que plusieurs des nobles de la ville furent menacés par des discours fort outrageans ; & Charles Strozzi, l'un d'entr'eux, fut pris au corps par un artisan qui vouloit le tuer , ce que ceux qui étoient présens eurent beaucoup de peine à pouvoir empécher. Mais Benoît Alberti fut celui qui fit la plus grande émeute, & qui fit mettre toute la ville en armes ; car s'étant mis aux fenétres du palais, il cria au peuple de prendre les armes, & incontinent la place fut remplie de gens armés : desorte que les colleges firent, par force ou par crainte, ce qu'ils n'avoient pas voulu accorder aux prieres qu'on leur avoit faites. Les capitaines des quartiers avoient aussi assemblé beaucoup de citoyens dans leur palais pour consulter & aviser aux moyens de se défendre contre l'ordre des Seigneurs. Mais si-tôt qu'on eut entendu le bruit & la résolution des conseils, chacun se retira chez soi. Il ne faut pas qu'on s'imagine, après avoir fait une émeute dans une ville, de pouvoir l'appaiser, ou la conduire comme on voudra. L'intention de Médicis étoit d'établir cette loi, & ensuite de faire cesser le tumulte. Mais la chose alla autrement, parce que les humeurs étoient émues, que les boutiques ne s'ouvroient plus, & que les citoyens se fortifioient chez eux. Plusieurs portoient leurs meubles dans les couvens & dans les églises pour les mettre à couvert du pillage ; en un mot, il sembloit que chacun prévît quelque malheur fort proche. Les corps de métiers s'assemblerent, & chacun fit un syndic : desorte que les prieurs assemblerent leur colleges avec ces syndics, & consulterent ensemble un jour tout entier comment on pourroit remettre la tranquillité dans la ville au contentement de tout le monde ; mais les avis étant partagés, on ne put pas s'accorder. Le jour d'après les corps de métiers mirent dehors leurs étendarts ; ce que les syndics ayant appris, & craignant ce qui arriva, ils assemblerent le conseil pour y donner ordre. Mais, dès qu'il fut assemblé, il se fit un grand bruit, & aussi-tôt l'on vit paroître les drapeaux des métiers, suivis d'un grand nombre de gens sous les armes. Ainsi le conseil, pour leur ôter toute occasion de faire du mal, leur donna à tous l'espérance de les satisfaire en donnant plein pouvoir aux Seigneurs, aux colleges, aux huit, aux capitaines des quartiers, & aux syndics des métiers, de réformer l'Etat à l'avantage & au contentement de tout le monde.

Mais, pendant qu'on traitoit de cette affaire, quelques enseignes des corps de métiers les plus abjects, étant excités par des gens qui

avoient reçu depuis peu quelques mauvais traitemens de la part des Guelfes, se détacherent
des autres, & allerent saccager & brûler la maison
de Lapo de Castiglionquio. Mais lui, voyant que
la seigneurie avoit cassé les loix des Guelfes, &
que le peuple étoit en armes, ne trouva point
d'autre remede que de se cacher ou de fuir. Il se
retira d'abord dans l'église de Sainte Croix, puis
s'étant déguisé en moine, il s'enfuit dans le
Casentin, où on l'entendit par plusieurs fois se
plaindre & se blâmer soi-même d'avoir suivi
l'avis de Pierre d'Albizi, en blâmant aussi Albizi
d'avoir voulu attendre jusqu'à la Sain Jean à se
rendre maître de l'Etat. Mais Pierre & Charles
Strozzi se cacherent au premier bruit, espérant
pouvoir demeurer après cela en sureté dans la
ville, parce qu'ils y avoient assez de parens &
d'amis.

Après que la maison de Castiglionquio fut
brûlée, plusieurs autres eurent le même sort,
ou par la haine générale, ou par le ressentiment de quelques particuliers ; car les désordres ont autant de difficulté à commencer,
comme ils ont de facilité à augmenter. Cette
populace voulant avoir des compagnons plus
altérés du bien d'autrui qu'elle n'étoit elle-
même, elle rompit les prisons publiques, &

tous ensemble saccagerent les couvens de Saint-Agnoli & du Saint-Esprit, parce que plusieurs citoyens y avoient caché leurs meubles; & la chambre même du trésor n'eût pas été épargnée par ces voleurs, s'ils n'eussent été retenus par le respect qu'ils eurent pour un des Seigneurs qui, étant à cheval & suivi d'un grand nombre de gens armés, s'opposoit le mieux qu'il pouvoit, à la rage de cette canaille.

Après que l'autorité des Seigneurs & l'arrivée de la nuit eurent un peu appaisé cette mutinerie populaire, les députés à la réformation de l'Etat firent grâce aux avertis; mais aux conditions qu'ils seroient trois ans sans entrer en aucune magistrature. Ils casserent les loix faites contre les citoyens par les Guelfes. Ils déclarerent rébelles Lapo Castiglionquio, ses adhérens & d'autres qui étoient généralement haïs. Après toutes ces ordonnances, on fit les nouveaux Seigneurs, du nombre desquels étoit Louis Guichardin; & comme tout le monde les croyoit gens paisibles & affectionnés au bien public, on eut espérance de voir finir les troubles. Cependant les boutiques demeuroient fermées, les habitans ne quittoient point les armes, & il se faisoit de grandes gardes par toute la ville. C'est pour cela que les Seigneurs ne prirent point possession de leurs charges hors du palais avec la pompe ordinaire, mais ils le firent au dedans sans aucune cérémonie. Ces nouveaux Seigneurs crurent qu'ils ne pouvoient faire rien de plus nécessaire au commencement de leur magistrature, que de pacifier le tumulte de la ville. Ils firent donc mettre bas les armes, rouvrir les boutiques, & renvoyer à la campagne plusieurs paysans que des citoyens avoient fait venir à leur secours. Ils poserent des corps-de-garde en plusieurs endroits de la ville. Enfin, si les avertis avoient pu s'appaiser, la tranquillité seroit revenue ; mais ils ne pouvoient pas se résoudre à passer trois ans sans entrer dans les charges : c'est ce qui fit que les corps de métiers s'assemblerent encore en leur faveur, & demanderent aux Seigneurs qu'en quelque tems que ce soit & quelque citoyen que ce puisse être, soit du nombre des Seigneurs, des colléges, des capitaines de quartier, ou du conseil de quelque corps de métier, ne puisse être *averti* comme *Gibelin* ; & de plus, *que dans le parti des Guelfes on remît de nouveaux noms dans les bourses, et que l'on brûlât ceux qui y étoient auparavant.*

Ces demandes furent aussi-tôt accordées par les Seigneurs et par tous les conseils, parce qu'on jugea qu'il falloit absolument étouffer ces émeutes

émeutes qui commençoient à renaître. Mais ,
parce que le genre humain est d'une telle nature
qu'il ne peut se contenter de rentrer dans ce qui
lui appartient, s'il n'envahit aussi ce qui appartient aux autres, & s'il ne se venge, ceux qui
se promettoient de grands avantages dans les
brouilleries faisoient entendre aux artisans que
jamais ils ne seroient en repos si l'on ne détrui-
soit & si l'on ne bannissoit un grand nombre
de gens qui étoient leurs ennemis. Mais les
Seigneurs ayant prévu tout ceci, firent comparoître devant eux les magistrats des corps de
métiers avec leurs syndics , & Louis Guichardin leur parla en ces termes :

» Si les Seigneurs & moi avec eux n'avions
» pas connu, il y a long-tems, la destinée de
» cet Etat, qui est d'entrer dans des guerres
» civiles dès que les étrangeres sont terminées,
» nous aurions été plus surpris que nous ne
» l'avons été, des troubles d'où nous ne fai-
» sons que de sortir ; & ils nous auroient causé
» bien plus de douleur. Mais parce que les
» choses où nous sommes accoutumés ne nous
» touchent pas si fort que les autres , nous
» avons supporté avec patience les brouilleries
» précédentes ayant sur-tout été excitées sans
» que nous y eussions eu aucune part, & nous

» flattant qu'elles finiroient comme les précé-
» dentes, puisque nous vous avons accordé
» tant & de si grandes choses. Mais prévoyant
» que vous ne voulez pas vivre en paix, que
» vous voulez qu'on maltraite encore de nouveau
» vos compatriotes, en faisant des proscrip-
» tions nouvelles, véritablement notre douleur
» croît autant que votre infamie ; car si nous
» eussions cru que pendant notre magistrature
» la république eût dû se mettre en risque de
» périr en s'opposant à vos violences, ou en
» vous satisfaisant, nous aurions bien évité
» d'entrer dans ces charges par un refus ab-
» solu ou par un exil volontaire. Cependant,
» comme nous espérions avoir affaire avec des
» gens qui auroient quelque reste d'humanité
» & quelque amour pour leur patrie, nous
» avons bien voulu accepter ces emplois-ici,
» nous flattant de pouvoir surmonter votre
» impétuosité par notre douceur. Mais nous
» voyons bien à présent que plus nous nous
» abaissons, & plus nous vous faisons de grâ-
» ces, plus vous vous énorgueillissez, & plus
» vous faites des demandes insolentes.

   « Au reste, si nous vous parlons en ces
» termes, c'est sans dessein de vous choquer,
» mais afin de vous remettre dans le bon che-

» min ; car nous laissons aux autres de vous dire
» des choses qui vous flattent : pour nous,
» nous ne voulons vous dire que ce qui regarde
» votre bien & votre avantage. Dites un peu
» en bonne foi, quelle chose est-ce que vous
» pouvez à présent exiger de nous ? Vous
» avez voulu ôter l'autorité aux capitaines des
» quartiers ; on l'a fait. Vous avez voulu
» qu'on brûlât leurs bourses & qu'on fît de
» nouvelles réformes ; nous y avons consenti.
» Vous avez voulu que les avertis rentrassent
» dans les charges ; on l'a bien voulu aussi.
» Nous avons pardonné par vos prieres à
» ceux qui avoient brûlé les maisons & pillé
» les églises & d'autre côté nous avons ban-
» ni beaucoup d'illustres & de puissans ci-
» toyens pour vous satisfaire. C'est aussi par
» les égards que nous avons eu pour vous que
» nous avons fait de nouveaux ordres pour
» tenir en bride les grands. Quand mettrez-
» vous une fin à vos demandes ? Ou combien
» de tems voulez-vous encore abuser de votre
» liberté ? Ne voyez-vous pas bien que nous
» supportons avec beaucoup plus de patience
» la honte de vous céder en tout ce qu'il vous
» plaît que vous ne supportez les avantages que
» vous remportez sur nous ? A quoi pensez-

» vous que tous vos fréquens tumultes doivent
» enfin réduire cette république ? Ne vous
» souvient-il plus que lorsque la division y a
» régné, un Castruccio né dans la lie du peu-
» ple de Lucques l'a vaincue ? Et un Duc d'A-
» thènes pris à vos gages l'a soumise à sa ty-
» rannie. Mais que lorsqu'elle a été bien unie
» chez elle, ni un archevêque souverain du Mi-
» lanois, ni même un pape n'ont pu la domp-
» ter ? Qu'au contraire, après plusieurs années
» de guerre, ils n'en ont pour toute récom-
» pense, remporté que de la honte & de la
» confusion ? Pourquoi voulez-vous donc qu'en
» pleine paix vos discordes & vos brouilleries
» rendent esclave une ville, à qui tant de puis-
» sans ennemis n'ont pu faire perdre la liberté
» par de fortes guerres ? Que pensez-vous ga-
» gner pas vos divisions, si ce n'est l'esclavage ?
» Ou que pensez-vous tirer du pillage que vous
» faites de nos biens ou de celui des autres,
» sinon la pauvreté ? Car notre adresse & no-
» tre industrie appuyées de ce secours, font
» subsister l'Etat ; ce que nous ne pourrons
» plus faire quand nous serons dépouillés ; &
» ceux qui se les sont appropriés ne les con-
» serveront pas, puisqu'ils sont si mal acquis :
» ainsi, la ville tombera par-là dans la misere

» & dans la pauvreté. Ces Seigneurs & moi
» vous commandons, & si la bienséance le per-
» met , nous vous prions que vous fixiez une
» fois vos desirs, & que vous vous contentiez de
» tout ce que nous vous avons accordé ; & si
» vous en souhaitez encore davantage , au
» moins demandez-le-nous honnétement , et non
» pas en vous mutinant, & en prenant les armes ;
» parce que quand vos demandes seront raison-
» nables , on vous les accordera toujours , &
» vous ne donnerez jamais l'occasion à des gens
» mal-intentionnés de troubler le repos public
» aux dépens de votre réputation , & même
» de tout ce qui vous est le plus précieux «.

Ce discours toucha fort l'esprit de ces citoyens parce qu'il n'étoit que trop véritable ;
de sorte qu'ils remercierent avec beaucoup de
douceur le Gonfalonier de les avoir traité comme
un bon Seigneur , en agissant pour les intérêts
de l'Etat comme un bon citoyen , offrant d'exécuter promptement tout ce qu'on exigeoit
d'eux. Et les Seigneurs, pour les y encourager, députerent deux citoyens avec chacun des
premiers magistrats , afin d'examiner ensemble
avec les syndics des métiers, s'il y avoit quelque
chose à réformer pour le repos public ; & ils leur
ordonnerent de leur en venir faire rapport.

Pendant que toutes choses se régloient ainsi, il survint un autre tumulte qui fut bien plus préjudiciable à l'Etat que le premier. La plus grande partie des incendies & des vols arrivés depuis peu avoient été commis par la populace, & les plus entreprenans d'entr'eux craignoient fort les recherches de la justice, aussitôt que les choses seroient établies dans leur premiere tranquillité ; & ce qui arrive d'ordinaire, ils appréhendoient encore d'être abandonnés de ceux qui les avoient excités à le faire : à quoi il faut ajouter la haine que le menu peuple a d'ordinaire pour les citoyens riches, & pour les chefs des métiers, s'imaginant n'être pas récompensé de ses peines comme il le mérite.

Du tems de Charles Ier, la ville ayant été partagée en corps de métiers, on leur donna un chef & nn gouvernement à chacun ; & l'on ordonna que dans chaque corps de métier les procès qui regardent le civil seroient jugés par leurs supérieurs. Nous avons dit que dans le commencement ces corps se trouverent au nombre de douze. Ensuite ils vinrent à s'augmenter tellement avec le tems, que le nombre en alla jusques à vingt-un. Ils devinrent aussi si puissans, qu'en fort peu d'années ils s'emparerent

du gouvernement. Et parce qu'il y en avoit
de plus & de moins honorables, on les partagea en grands & en petits ; il y en avoit
donc sept du premier rang, & quatorze de
l'autre. Ce fut ce partage & les autres causes
dont nous avons déjà parlé qui firent devenir
les capitaines des quartiers si arrogans, parce
que les citoyens qui avoient été Guelfes au
tems passé, & à qui ces capitaines prêtoient
le serment, favorisoient les corps des premiers
métiers, & persécutoient les autres avec leurs
chefs. C'est ce qui excita contr'eux tous les
troubles dont nous avons parlé ; mais parce que
lorsqu'on mit sur pied les corps de métiers,
plusieurs de ces basses et viles occupations où
le menu peuple gagne sa vie, ne se trouverent point réduites en corps, mais se rangerent
sous ceux qui avoient le plus de rapport à
leurs différens exercices, il falloit que dans
leurs procès ils eussent recours au magistrat
de ces mêmes corps sous lesquels ils s'étoient
rangés, dont il leur sembloit qu'ils ne recevoient pas la justice qu'ils en pouvoient attendre. Or, de tous les métiers, celui qui a le
plus de ces petites gens sous lui, c'est la manu-
facture de la laine, qui étant très-puissante & la
premiere pour l'autorité, a toujours fait sub-

sister la plus grande partie de la populace.
Cette sorte de gens donc, tant ceux qui dépendoient du corps des artisans de la laine,
que ceux qui dépendoient des autres corps, étoint
tous fort mécontens pour les raisons que nous
venons de dire, auxquelles il faut joindre l'appréhension qu'ils avoient d'être recherchés pour
le pillage et les incendies dont ils étoient coupables : ce qui fut cause qu'ils s'assemblerent
plusieurs fois la nuit, & réfléchissant sur tout
ce qui s'étoit passé, ils se faisoient remarquer
les uns aux autres le péril auquel ils étoient
exposés ; de sorte qu'un des plus hardis & des
plus expérimentés harangua les autres en ces
termes :

» S'il s'agissoit à présent d'examiner s'il
» faudroit prendre les armes pour voler·& brû-
» ler les maisons des citoyens, & pour piller
» les églises, mon avis seroit que la chose mé-
» riteroit bien qu'on y pensât mûrement, &
» peut-être serois-je du sentiment de préférer
» une pauvreté tranquille à un gain périlleux.
» Mais puisque nous avons une fois les armes
» à la main, & qu'il y a déjà bien de l'ou-
» vrage fait, il me semble qu'il faut aviser
» aux moyens de ne le pas quitter & de nous
» mettre à couvert des recherches qu'on pour-

» roit faire contre nous de tout ce qui s'est
» passé. Je suis persuadé que quand personne ne
» vous donneroit aucun avis, la nécessité seule
» seroit une assez puissante conseillere.

» Vous voyez toute cette ville remplie d'ani-
» mosité contre nous ; les citoyens s'unissent
» ensemble ; la seigneurie est toujours avec les
» magistrats : ne doutez point qu'on ne file
» notre corde , & qu'on fasse des préparatifs
» pour nous perdre. Nous avons donc deux
» choses à faire, & deux fins dans nos délibé-
» rations : la premiere est de nous mettre à
» couvert des peines qu'on nous prépare ; l'au-
» tre, de nous procurer les moyens de vivre
» avec moins de dépendance & plus de com-
» modité que nous n'avons fait jusqu'ici. Il
» faut donc, selon mon sentiment, pour ob-
» tenir l'abolition des maux déjà faits , en re-
» commencer de nouveaux, redoubler les vols ,
» les incendies & les sacrileges , & faire ensorte
» de nous fortifier d'un grand nombre de cama-
» rades ; car on ne punit personne quand le
» nombre des délinquans est trop grand, et il
» n'y a que les petits crimes qu'on châtie, les
» grands sont toujours récompensés : lors aussi
» que plusieurs souffrent, il y en a peu qui
» cherchent à se venger ; car on supporte avec

» plus de patience les pertes qui sont com-
» munes à tous que celles qui tombent sur un
» petit nombre de particuliers. C'est donc une
» chose certaine que la quantité des crimes
» nous en facilitera l'amnistie, & nous ouvrira
» le chemin à obtenir ce que nous demandons
» pour notre liberté.

  » Il me paroît aussi que nous allons à une
» conquéte assurée ; car ceux qui pourroient
» s'y opposer sont divisés & riches : leur divi-
» sion nous donnera la victoire, & nous nous
» y maintiendrons par leurs richesses. Mais
» sur-tout ne vous en laissez point imposer par
» cette antiquité du sang ; car tous les hom-
» mes ayant un même principe, sont d'une
» aussi ancienne origine les uns que les autres,
» & la nature les a tous faits égaux. Mettez-
» vous tous nuds les uns & les autres, vous ne
» vous reconnoîtrez pas ; habillez-vous des ha-
» bits de ces prétendus nobles, et qu'eux s'ha-
» billent des vôtres, vous paroîtrez des gens
» de qualité, & eux de la canaille : car il n'y a
» que la pauvreté & la richesse qui mettent de
» la différence dans le genre humain.

  » Mon chagrin est que je vois que plusieurs
» ont de la douleur de ce qui s'est passé, &
» n'ont pas la résolution de recommencer. Et si

» cela est, vous n'êtes pas des gens tels que je
» vous avois cru. Car enfin, ni les remords
» de la conscience, ni l'infamie, ne doivent
» point faire d'impression sur vous ; & souve-
» nez-vous que de quelque maniere qu'on rem-
» porte une victoire, elle comble toujours de
» gloire les vainqueurs. Pour la conscience, il
» ne faut pas s'en faire une affaire ; car la crainte
» de l'enfer ne doit point entrer dans un cœur
» qui est pressé par l'indigence & menacé des
» cachots comme nous le sommes. Mais si vous
» faites réflexion sur la conduite des hommes ,
» vous verrez que tous ceux qui se sont élevés
» à la grandeur des richesses n'y sont jamais par-
» venus que par la violence & par les fourbe-
» ries. Après cela , ils pallient de l'honnéte nom
» de conquéte l'infamie de leurs rapines & de
» leurs violences. Il n'y a que ceux qui , par
» manque d'adresse, ou bien par scrupule, ne
» prennent pas cette route , qui croupissent
» dans une lâche & une honteuse soumission aux
» autres, & dans une malheureuse indigence :
» car les serviteurs fideles ne sortent jamais de
» servitude, & les gens de bien demeurent tou-
» jours pauvres ; il n'y a donc que les perfides
» & les gens entreprenans qui se délivrent de
» l'esclavage, & l'on ne sort jamais de la pau-

» vreté, que par la perfidie & par le vol. On
» sait bien que Dieu & la nature ont abandon-
» né aux hommes en général tous les biens de
» ce monde ; mais ils sont bien plutôt la proye
» de la rapine & de la méchanceté que la récom-
» pense d'un travail légitime & d'une véritable
» probité. C'est pour cela que les hommes se
» mangent les uns les autres ; & ceux qui ont
» le moins de pouvoir passent toujours mal leur
» tems.

» Servez-vous de la force quand vous l'avez
» en main : & quelle plus belle occasion atten-
» dez-vous de la fortune ? Les citoyens sont en-
» core en division, la seigneurie n'est pas en-
» core bien assurée, les magistrats sont étonnés ;
» il est par conséquent aisé de les opprimer de-
» vant qu'ils se réunissent & qu'ils ayent pris
» leur parti. Ainsi nous pouvons devenir maî-
» tres de l'État, ou du moins nous nous y ren-
» drons si puissans, que nous leur ferons bien
» oublier le passé, & nous les mettrons bien à la
» raison, en les menaçant d'achever ce que
» nous avons déjà si bien commencé. J'avoue
» que cette résolution est hardie, & peut-étre
» dangereuse ; mais dans la nécessité, la har-
» diesse tient lieu de prudence, & dans les gran-
» des entreprises les gens de courage ont toujours

» compté les périls pour rien. Si on entre dans
» un grand dessein avec risque , on en sort
» avec gloire , & jamais on ne se tire d'un péril
» sans péril. De plus , je suis persuadé qu'il est
» bien plus hazardeux lorsqu'on voit préparer
» les prisons , les tortures , & la mort même ,
» de demeurer les bras croisés que de chercher
» à s'en mettre à couvert ; car le premier mal
» est assuré , & l'autre est incertain.

» Combien de fois vous ai-je entendu plaindre
» de l'avarice de vos maîtres & de l'injustice de
» vos magistrats ? A présent il est tems de se
» délivrer d'eux & de devenir leurs maîtres ;
» qu'à leur tour ils aient autant de lieu de craindre
» de votre part, que vous avez eu jusqu'ici sujet
» de vous plaindre d'eux. La conjoncture que
» le tems nous présente a des aîles, & c'est en
» vain que vous la voudrez rappeler, si vous
» avez l'imprudence de la laisser échapper. Vous
» voyez les préparatifs de nos ennemis : pré-
» venons leurs desseins, assurés que le parti
» qui prendra le premier les armes l'emportera
» sur l'autre, & s'élevera sur ses ruines ; ce
» qui comblera de gloire la plupart d'entre vous,
» & procurera le repos à tous «.

Ce discours échauffa fortement des esprits qui
étoient déjà assez portés au mal ; ainsi leur

résolution fut de prendre les armes après qu'ils auroient engagé bien des gens dans leur parti. Ils s'obligerent aussi par serment de s'entreprêter main - forte, en cas que quelques - uns fussent opprimés par leurs magistrats.

Pendant que cette canaille se disposa à s'emparer du gouvernement, les Seigneurs eurent le vent de leur dessein ; ce qui les obligea de faire arréter un nommé Simon, qui leur découvrit toute la conjuration, ajoutant que le jour suivant ils devoient se donner le signal (1). Voyant donc un danger manifeste ils assemblerent les colléges, & ces citoyens qui, avec les syndics des métiers, cherchoient les moyens de remettre la paix & l'union dans la ville. Mais devant que tout fût assemblé le soir étoit déjà venu. On conseilla d'abord aux Seigneurs de faire venir les consuls des métiers, & tous unanimement furent d'avis qu'on fît venir ce qu'on avoit de troupes à Florence, & que les Gonfaloniers du peuple se trouvassent le lendemain matin dans la place avec leurs compagnies sous les armes.

---

(1) Il y a en Italien *levare el romore*, ce qui revient à mon interprétation ; car cette acclamation étoit l'alarme qu'ils devoient donner pour s'avertir.

Pendant qu'on donnoit la question à ce Simon dont nous venons de parler ci-dessus, & que les citoyens venoient à l'assignation qui leur avoit été donnée, un nommé Nicolas de St-Frian montoit l'horloge du palais, & ayant apperçu ce dont il s'agissoit il retourna chez lui, & remplit d'épouvante tout son voisinage ; de sorte qu'en un clin-d'œil on vit paroître dans la place du St-Esprit plus de mille hommes armés. Le bruit se répandit bientôt chez les autres conjurés ; de sorte que leurs lieux de rendez-vous, qui étoient St-Pierre majeur & St-Laurent, furent incontinent remplis de gens armés. Le jour avoit déjà paru, & c'étoit le vingt-unieme de juillet. Cependant il n'étoit pas encore venu plus de quatre-vingt gendarmes sur la place au secours des Seigneurs ; & pour les Gonfaloniers, il n'en vint aucun, parce que voyant toute la ville en armes, ils n'avoient pas voulu abandonner leurs maisons.

Les premiers de la populace qui parurent sur la place, furent ceux qui s'étoient assemblés à St-Pierre majeur ; & les gendarmes ne firent aucun mouvement à leur venue. Une autre troupe suivit de près celle-ci ; & ne trouvant point d'obstacles, ils demanderent par des cris terribles leurs prisonniers à la seigneurie : & comme les menaces ne les faisoient pas rendre, afin de les avoir par force, ils brûlerent la maison de Louis Guichardin. Les Seigneurs donc, crainte de pis, les leur remirent entre les mains. Quand ils les tinrent ils ôterent l'étendart de la justice à celui qui en étoit le chef ; & l'ayant mis à leur tête ils brûlerent plusieurs maisons sous cette enseigne, s'attachant sur-tout à celles des particuliers qu'ils n'aimoient point, ou par une raison générale, ou par un ressentiment particulier. Plusieurs citoyens mêmes, voulant se venger de leurs ennemis, les conduisirent à leurs maisons pour y mettre le feu ; car il ne falloit pour cela que dire au milieu de cette troupe, *à la maison d'un tel*, ou bien celui qui portoit l'étendart n'avoit qu'à tourner de ce côté-là. Ils brûlerent encore tous les livres appartenans au corps de métier de la laine.

Après que ces gens-là eurent bien fait du mal, afin de l'accompagner de quelques actions louables, ils firent chevalier Salvestre de Medecis avec soixante - treize autres, entre lesquels se trouverent Benoît & Antoine Alberti, Thomas Strozzi, & plusieurs autres de leurs amis, quoiqu'ils conférassent cette dignité à bien des personnes qui eussent bien souhaité d'en être dispensés.

Il

Il faut remarquer dans le procédé de ces mutins une chose assez singuliere , c'est que dans un même jour ils brûloient la maison d'un homme & puis ils le faisoient chevalier, ce qui arriva à Louis Guichardin , Gonfalonier de justice : tant l'insulte & la faveur se suivoient de près !

Les Seigneurs, au milieu de tant de désordres, se voyant abandonnés des gendarmes, des chefs des métiers & des Gonfaloniers, étoient dans une grande perpléxité ; car personne n'avoit exécuté les ordres donnés pour venir au secours, puisque des seize Gonfaloniers il ne parut que l'enseigne du Lion d'or & celle de la Belette , sous la conduite de Giovenco de la Stufa & de Jean de Cambi : encore demeurerent-ils peu de tems dans la place ; car ne se voyant suivis de personne, ils s'en retournerent. Les citoyens, d'autre côté, voyant la rage de cette canaille échappée & le palais abandonné, se tenoient les uns dans leurs maisons, les autres suivoient les mutinés, afin qu'étant parmi eux ils pussent plus aisément préserver du feu leurs amis ; & par-là les forces des rébelles croissoient, & celles des Seigneurs diminuoient.

Cette fureur dura tout le jour , & la nuit étant survenue ils s'arréterent auprès du palais

de Stefano, derriere St-Barnabé. Ils étoient au
nombre de plus de six mille, & avant que le
jour fût venu ils se firent donner par menaces
les enseignes des corps de métiers : ensuite dès
le matin suivant ils allerent avec l'étendart de
la justice & ceux des métiers devant le palais
du Podesta (1), qui refusant de leur en donner
la possession, ils y entrerent par force. Les
Seigneurs voulant essayer de traiter avec eux,
puisqu'ils ne pouvoient pas les réduire par la
force, ils députerent quatre conseillers des colléges au palais du Podesta, afin d'entendre de
ces gens-là même ce qu'ils demandoient : mais
les envoyés trouverent que les chefs de la populace, avec les Syndics des métiers, avoient
déjà conclu ce qu'ils vouloient demander à la
seigneurie. Ainsi l'on retourna vers elle avec
quatre députés de la populace, chargés des
demandes suivantes : » Que le corps de métier
» de la laine ne pût pas désormais tenir un juge
» étranger : Que l'on érigeât trois nouveaux
» corps de métiers ; l'un pour les cardeurs &

------

(1) C'est un officier de justice et de police, en usage
dans les républiques d'Italie et dans quelques endroits
de Provence.

» les teinturiers ; l'autre pour les tondeurs,
» tailleurs (1) & autres métiers mécaniques ;
» & le troisieme pour la lie du peuple : Que
» d'entre ces trois derniers corps de métiers
» il y auroit toujours deux Seigneurs, & des
» quatorze petits métiers il y en auroit toujours
» trois : Que la seigneurie donneroit à ces trois
» derniers corps une maison pour s'y assembler :
» Que pas un du corps de ces métiers ne pût
» être contraint avant deux ans de payer aucune
» dette qui excéderoit la somme de cinquante
» ducats : Que le Mont-de-piété ne payât plus
» d'intérêt & remboursât le principal seulement :
» Que tous les rélégués & condamnés fussent
» remis dans leur premier état : Que l'on rendît
» les charges à tous les avertis «. Ils demanderent encore bien d'autres choses en faveur de leurs protecteurs, & voulurent aussi que plusieurs de leurs ennemis fussent relégués & mis au nombre des avertis.

Toutes ces demandes-là, quoiqu'elles fussent à charges à l'Etat, & indignes en elles-mêmes,

---

(1) Il y a un troisieme mot, qui signifie faiseurs de pourpoints, *Forsetaio*, que je laisse sous celui de Tailleur.

ne laisserent pas d'être accordées, dans l'appréhension qu'onavoit d'un plusgrand désordre. Mais
afin qu'elles fussent assurées, il falloit qu'elles
passassent encore dans le conseil du commun,
ce qui ne pouvoit pas se faire alors, parce qu'on
ne doit point assembler deux conseils en un
même jour ; il fallut donc attendre au lendemain.
Cependant les métiers & la populace parurent
tous contens de ce qu'on venoit d'arrêter ; ils
promirent donc de finir tous leurs mouvemens
dès que ce traité auroit reçu la force de loi :
mais le lendemain matin, pendant qu'on déli-
béroit sur cette affaire dans le conseil du commun, cette populace, impatiente & légere, vint
dans la place sous les étendarts ordinaires, &
fit des cris si grands & si épouvantables, que
le conseil & les Seigneurs en fnrent effrayés. Cela
fit que Guerriante Marignoli, un des Seigneurs,
feignant d'aller défendre laporte d'enbas, sortit
du conseil, & par la seule terreur, sans avoir
aucune autre pensée particuliere, il se retira
chez lui ; & en sortant, il ne put si bien se
cacher, qu'il ne fût reconnu de ces gens-là, qui
pourtant ne lui firent aucune insulte ; mais ils
s'écrierent tous, en le voyant, que tous les
Seigneurs eussent à sortir du palais, qu'autrement
ils iroient tuer leurs enfans & brûler leurs maisons.

. Pendant ces désordres, la loi avoit été con-
firmée, & les Seigneurs s'étoient renfermés dans
leurs chambres; le conseil aussi étoit descendu
en bas; mais sans sortir par la cour & par la loge,
il demeuroit-là, désespérant de la conservation
de l'Etat, en voyant une populace si insolente
& si remplie de malignité, & tant de lâcheté
dans les gens qui auroient pu la mettre à la raison. Les Seigneurs aussi étoient tous confus, &
n'étoient pas moins en peine pour l'Etat, sur-
tout se voyant abandonnés d'un de leurs collegues, sans être ni secourus, ni même conseillés
par aucun citoyen. Ne sachant donc que faire,
Thomas Strozzi & Benoît Alberti, poussés par
leur propre ambition, qui les portoit à se rendre
maîtres du palais, ou parce qu'ils le croyoient
nécessaire, persuaderent à la Seigneurie de céder
à cette fureur populaire, & en renonçant à leurs
charges de s'en retourner chez eux. Comme cet
avis venoit de la part des chefs de la sédition,
Alamanno Acciaiuoli, & Nicolas del Bene, deux
des Seigneurs, quoiqu'ils vissent leurs confreres
céder, ils reçurent le conseil avec tant d'indignation, qu'ils dirent, *que si les autres vouloient*
s'en aller, ils ne pouvoient pas l'empêcher; mais
que pour eux, ils ne prétendoient pas sortir de
leurs charges avant le terme, s'ils ne perdoient la

vie en même-tems. Cette diversité de sentimens augmenta la terreur dont les Seigneurs étoient déjà saisis, aussi bien que la rage des mutins ; desorte que le Gonfalonier aimant mieux sortir de sa charge honteusement, que de la conserver avec risque, se remit entre les mains de Strozzi, qui, le tirant du palais, l'accompagna dans sa maison. Les autres Seigneurs s'en allerent de même l'un après l'autre, chacun chez soi. Acciaiuoli donc & del Bene, ne voulant pas passer pour plus opiniâtres que prudens, & se voyant seuls, prirent aussi le parti de se retirer ; ainsi le palais demeura entre les mains de la populace & des huit directeurs de la guerre qui n'avoient pas encore quitté leurs charges.

Quand cette canaille entra dans le palais, c'étoit un nommé Michel de Lando, cardeur, qui portoit l'étendart de la justice. Cet homme ayant les jambes nues & le corps couvert seulement de quelques guenilles, monta l'escalier avec toute la troupe qui le suivoit ; & étant entré dans la sale des Seigneurs, il s'arrêta ; puis se tournant vers l'assemblée, il leur dit : *Vous voyez ce palais, qui est à vous, & cette ville dont vous êtes les maîtres ; que trouvez-vous à propos qu'on fasse à présent ?* Tous répondirent qu'ils entendoient *qu'il fût Gonfalonier & Seigneur, & qu'il les gouver-*

nât eux & l'Etat, selon son bon plaisir. Lando
accepta l'offre, étant homme intelligent & judi-
cieux, & bien plus redevable aux dons de la
nature qu'à ceux de la fortune. Il résolut donc
de pacifier les troubles, & de rendre la tranquillité à la république : mais, afin d'occuper le
peuple & d'avoir le tems de se reconnoître, il
commanda qu'on cherchât un nommé Nuto, que
Castiglionquio avoit destiné à être Bargelle. (1).
La plupart des gens qui étoient-là allerent exécuter cet ordre. Mais pour lui, afin de commencer par la justice une autorité qu'il n'avoit obte-
nue que par la faveur, il fit publier d'expresses
défenses de brûler ou de piller ; & afin de faire
peur à ceux qui en auroient l'intention, il fit
élever un gibet au milieu de la place. Afin aussi
de commencer la réformation de la république ;
il cassa les syndics des métiers, & en fit des
nouveaux ; il dépouilla les Seigneurs de la magistrature aussi bien que les colleges, & brûla les

---

(1) C'est ce que nous appelons Prévôt des Maréchaux ;
mais en Italie cette charge est presque aussi infâme que
celle d'Exécuteur. Voilà pourquoi j'en ai retenu le nom,
pour ne pas avilir celui de Prévôt, qui ne donne pas une
si basse idée dans notre langue.

R 4

bourses où étoient renfermés les noms de ceux qui devoient entrer dans les charges de l'Etat.

Pendant cela Nuto fut apporté par la foule dans la place, & tout aussi-tôt il fut pendu par un pied au gibet : mais chàcun de ceux qui étoient le plus près de lui, ayant pris un morceau de ce misérable, en un moment il n'en resta plus que le pied. D'autre côté les huit directeurs de la guerre, se croyant maîtres de l'Etat par la désertion des Seigneurs, en avoient déjà désigné d'autres : ce que Lando ayant prévu, il leur envoya dire *qu'ils eussent à sortir incessamment du palais, & qu'il vouloit faire voir à toute la terre qu'il sauroit bien gouverner la république sans leurs avis.* Après cela, il assembla les syndics des métiers, & il fit des Seigneurs, dont quatre étoient de la populace, deux des premiers corps de métiers, & deux des autres. Il fit de plus, un nouveau scrutin (1), & partagea l'Etat en trois classes, dont l'une fut des nouveaux corps de métiers, l'autre des petits corps, & la troisieme, des métiers du premier rang. Il donna à Salvestre de Médicis le revenu des boutiques

---

(1) C'est une assemblée de gens qui ont le pouvoir d'élire les magistrats.

du pont vieux ; il garda pour soi le gouvernement (1) d'emploi ; & il fit beaucoup d'autres avantages à plusieurs citoyens qui étoient bien intentionnés pour le petit peuple. Au reste, ce qu'il en fit n'étoit pas tant pour les récompenser de leurs services, que pour s'en faire des créatures qui le défendissent au besoin.

La populace trouva que Lando avoit un peu trop favorisé les plus puissans citoyens, & qu'il ne lui avoit pas laissé assez de pouvoir dans le gouvernement pour qu'ils s'y pussent maintenir, & se mettre à couvert de l'oppression. Etant donc revenus à leur premiere insolence, ils reprirent les armes, & retournerent dans la place sous leurs drapeaux, demandant *que les Seigneurs descendissent dans la sale d'audience, pour délibérer sur de nouvelles affaires qui regardoient le bien & la sûreté du peuple.*

Lando voyant leur effronterie, afin de ne les pas irriter davantage, ne leur demanda point ce qu'ils vouloient ; mais il blâma la maniere dont ils faisoient leurs demandes, les exhortant à

---

(1) Il y a dans l'original la *Podestaria*, qui signifie proprement la régence ; car les Podesta ont plus d'inspection sur la police et sur la justice que sur la guerre.

mettre bas les armes, & qu'on leur accorderoit de bonne grâce ce qu'il seroit honteux à la seigneurie de leur accorder par force. Cela piqua tellement ces gens, qu'ils allerent faire une assemblée dans Sainte Marie nouvelle, où ils établirent entr'eux huit chefs; &, pour leur attirer du respect, ils leur donnerent des gens pour exécuter leurs ordres. La ville avoit donc deux sortes de maîtres & de gouvernement. Ces chefs ordonnerent ensemble que huit personnes, qui seroient toujours tirées des corps de leurs métiers, demeureroient au palais avec les Seigneurs, & que rien ne pourroit se faire par la seigneurie qui ne fût confirmé par eux. Ils ôterent à Salvestre de Médicis & à Michel de Lando tout ce qu'on leur avoit accordé auparavant. Ils donnerent à plusieurs d'entr'eux des charges & des pensions pour pouvoir soutenir leur rang avec honneur.

Quand ils eurent arrêté cela, ils l'envoyerent à la seigneurie pour le faire ratifier dans tous les conseils, en menaçant de le faire faire par force, si on ne le vouloit pas accorder de bonne volonté. Ces députés présenterent leur commission à la seigneurie avec beaucoup d'assurance ou plutôt d'effronterie, & reprocherent au Gonfalonier, qu'après lui avoir fait l'honneur de l'élever dans la charge dont il étoit revêtu, qu'il en avoit usé ensuite avec beaucoup d'ingratitude & de fierté à leur égard. Enfin venant aux menaces, Lando ne put supporter une telle arrogance, & se souvenant plus de son poste que de sa naissance, il crut être obligé de réprimer d'une maniere extraordinaire une effronterie qui l'étoit tant : tirant donc l'épée qu'il avoit au côté, il les chargea d'abord rudement ; puis il les fit garotter & emprisonner. Si-tôt que cela fut su, toute la populace entra en furie ; & croyant gagner les armes à la main ce qu'on leur refusoit, elle alla pourforcer le palais de la seigneurie. Lando d'ailleurs craignant ce qui arriva, forma le dessein de prévenir ces gens-là, trouvant qu'il étoit plus glorieux d'attaquer d'a-bord l'ennemi, que de l'attendre entre quatre murailles, & se laisser réduire à sortir honteuse-ment du palais, comme avoient fait les autres. Ayant donc rassemblé grand nombre de citoyens qui commençoient à s'appercevoir de la faute qu'ils avoient faite, il monta à cheval, & étant bien accompagné de gens armés, il alla à Sainte Marie nouvelle pour les combattre. La populace, comme nous l'avons dit, ayant formé le même dessein, se mit aussi en marche pour venir à la place dans le même tems que Lando en partit ; mais le hasard voulut qu'ayant pris différentes routes, ils ne se rencontrassent pas. Lando donc

retournant sur ses pas, trouva la place prise, &
qu'on battoit le palais ; mais ayant lié le combat
avec ces gens-là, il les battit, & en chassa une
partie hors de la ville, l'autre étant contrainte de
jeter les armes, & de se cacher. Après cet avantage remporté, tous les troubles cesserent dans
Florence par la valeur & la bonne conduite du
Gonfalonier, qui surpassa dans ce tems-là tout
ce qu'il y avoit d'habiles gens dans la république,
soit qu'on le regardât du côté de son intrépi-
dité, ou de sa grande prudence, ou de son humanité ; desorte qu'il doit tenir rang dans le petit
nombre de ceux qui ont rendu de grands services
à leur Patrie : car s'il eût eu, ou de l'ambition,
ou de la mauvaise volonté, cette république perdoit entierement la liberté, & tomboit sous une
tyrannie pire que celle du duc d'Athènes. Mais
sa bonté naturelle ne lui permit jamais de concevoir aucune pensée contraire au bien public,
& sa prudence lui fit conduire les choses d'une
maniere, que plusieurs gens de son parti eurent
de la confiance en lui ; & pour les autres, il sut
bien les soumettre à leur devoir par la voie des
armes. Tout cela étourdit la populace, & fit
rentrer en eux-mémes ceux qui étoient les plus
considérables dans les corps de métiers, leur faisant faire réflexion, que c'étoit une grande folie,

après avoir dompté l'orgueil des grands, de se soumettre à la bassesse de la canaille. Quand Lando remporta cette victoire sur la populace, on avoit déjà tiré (1) la nouvelle seigneurie; & dans le nombre de ceux qui la composoient, il s'en trouva deux de si basse & de si infâme condition, que cela augmenta encore la passion qu'on avoit déjà de se délivrer d'une telle ignominie.

Le premier de septembre étant donc venu, qui est le jour que les nouveaux Seigneurs entrerent en charge, toute la place se trouva remplie de gens en armes, qui, dès qu'ils virent les anciens Seigneurs sortis du palais, éleverent un grand cri avec tumulte, par lequel ils déclaroient *qu'ils ne vouloient plus qu'il entrât dans le corps des Seigneurs aucun homme de la lie du peuple.* La Seigneurie, sur cela, voulut les satisfaire; ce qui fit qu'elle ôta les charges à ces deux misérables, dont l'un s'appeloit le Tira, & l'autre Baroccio; & dans leur place on élut George

---

(1) On a dit ci-devant qu'on mettoit des noms d'habitans dans des bourses, pour en faire les magistrats dans le tems destiné pour cela; et alors on tiroit au hasard les noms hors de ces bourses-là.

Scali & François de Michel. On cassa aussi les corps de métiers de la populace, & l'on dépouilla de leurs charges tous ceux de ces gens-là qui en possédoient, excepté Michel de Londo, Louis de Puccio, & quelques autres dont on avoit reconnu le mérite. L'on partagea les charges en deux parties, que l'on distribua aux grands & petits métiers. Pour les Seigneurs, il fallut qu'il y en eût toujours cinq des corps des petits métiers & quatre des grands, le Gonfalonier devant être tantôt des uns, tantôt des autres.

Le gouvernement étant réglé de cette maniere, cela apporta pour l'heure la tranquillité dans l'Etat ; & quoiqu'on l'eût arraché des mains de la populace, cependant les moindres artisans avoient toujours plus d'autorité que les bonnes familles de bourgeois & de simples gentishommes qui furent contraints de la leur céder, afin qu'en les satisfaisant de cette maniere, ils les empéchassent de maintenir la populace : & ce parti d'artisans fut encore appuyé de tous ceux qui vouloient détruire les gens, qui sous des Guelfes, avoient tant fait de violences à un si grand nombre de citoyens. Or, parce qu'entre tous ceux qui autorisoient cette espèce de gouvernement, George Scali, Benoît Alberti, Salvestre de Médicis, & Thomas Strozzi, étoient des plus considérables, ils se trouverent être presques les princes de la ville.

Tout étant ainsi réglé, les divisions que l'ambition des Ricci & des Albizi avoit déjà exitées entre les artisans & les principaux citoyens, prirent de nouvelles forces. Mais parce que cette mésintelligence entre ces deux partis eût des suites très-fâcheuses en divers tems, & que, par conséquent, il faudra en parler souvent, nous comprendrons, sous le nom de notables, le premier parti; & sous le titre de populaires, la seconde faction, sans y confondre la populace.

Les choses demeurerent dans cet état trois ans, pendant lesquels on vit quantité d'exécutions & de bannissemens, parce que ceux qui tenoient le timon des affaires étoient toujours dans la défiance, le dehors & le dedans étant remplis de mécontens. Ceux du dedans entreprenoient ou machinoient tous les jours quelques nouveautés; ceux du dehors n'étant pas retenus par une crainte assez forte, semoient le trouble en différens endroits par le secours & à l'instigation, tantôt d'un prince, & quelquefois d'une république.

Dans ce tems-là il y avoit à Boulogne un nommé Giannozo de Salerne, qui étoit général pour Charles de Duras, prince descendu de la maison royale de Naples, qui, souhaitant de déposséder la reine Jeanne de son royaume, faisoit demeurer son général dans cette ville-là à la faveur du Pape Urbain, ennemi de la reine. Il y avoit à aussi Boulogne beaucoup de Florentins réfugiés, qui entretenoient des correspondances secrettes avec Charles de Duras, ou avec son général. Cela étoit cause qu'à Florence ceux qui tenoient le gouvernement étoient dans de grandes défiances, & prêtoient facilement foi aux calomnies qu'on semoit contre les citoyens suspects. Pendant que les esprits étoient dans cette dispostiion, on vint déclarer aux magistrats que Giannoso de Salerne devoit se présenter devant Florence avec tous les réfugiés, & que les mécontens du dedans lui devoient livrer la ville. Là-dessus, plusieurs furent accusés ; & Pierre d'Albizi & Charles Strozi furent les premiers. Après eux, on accusa Ciprien Mangioni, Jacques Sacchetti, Donato Barbadori, Philippe Strozzi, & Jean Anselmi. Tous ces gens-là furent pris, à la réserve de Charles Strozzi, qui s'enfuit ; & les Seigneurs, voulant empêcher qu'aucun ne prît les armes en leur faveur, firent garder la ville par bien du monde, commandé par Thomas Strozzi & Benoît Alberti. Les prisonniers furent donc examinés ; mais par l'accusation & par la confrontation,

confrontation, ils furent trouvés innocens; desorte que le capitaine ne voulant pas les condamner, leurs ennemis souleverent contr'eux le
peuple avec tant de rage, qu'on fut contraint de
les juger à mort. Il ne servit de rien à Pierre
d'Albizi d'être d'une si grande maison, ni d'a-
voir eu autrefois un si grand crédit; car il avoit
été long-tems respecté & craint plus qu'aucune
personne de l'Etat; de sorte qu'un jour, comme
il régaloit bien des citoyens : on lui envoya une
coupe pleine de confitures seches parmi lesquelles
il se trouva un cloud que tous les conviés expli-
querent comme étant un avis qu'on lui donnoit,
qu'il sen servit à clouer la roue de fortune,
parce que, comme elle l'avoit élevé jusqu'au
haut, infailliblement elle l'entraîneroit au bas,
si elle continuoit à tourner. Ce présent lui étoit
fait, ou de la part d'un ami qui vouloit le faire
revenir à lui-même, ou par un ennemi qui le
vouloit menacer, que sa prospérité ne dureroit
pas toujours. Ce pronostic fut d'abord vérifié
par sa disgrace, & ensuite par sa mort.

Après cette exécution, la ville demeura dans
une grande confusion : car les vaincus & les vainqueurs étoient également dans l'appréhension;
mais celle de ceux qui avoient l'autorité en main

avoit bien plus de malignes influences, parce que le moindre accident leur donnoit lieu de maltraiter leurs ennemis en les faisant mourir, ou en les bannissant, ou en les faisant avertir. On ajoutoit à cela de nouveaux ordres & de nouvelles loix, qui ne tendoient toutes qu'à affermir le gouvernement qui étoit sur pied; tout cela ne se faisoit point sans que le parti opposé en souffrît. Ils créérent, pour cet effet, un conseil de quarante-six personnes qui devoient travailler avec les Seigneurs à nétoyer la république de tout ce qui pouvoit donner de l'ombrage à la régence. Ceux-ci donnerent l'avertissement à trente-neuf citoyens; ils mirent au nombre des grands plusieurs du parti des notables, & réduisirent à cette derniere condition plusieurs des grands. Afin aussi de pouvoir résister aux attaques du dehors, ils prirent à leurs gages Jean Agut, Anglais, très-estimé pour la guerre, & qui l'avoit long-tems faite en Italie pour le pape & pour d'autres princes.

La défiance qu'on avoit du dehors venoit de ce que l'on disoit que Charles de Duras, voulant conquêter le royaume de Naples faisoit plusieurs compagnies de gendarmes, & qu'il avoit avec lui plusieurs réfugiés de Florence. On se

prépara contre ces dangers avec de l'argent,
outre les forces ordinaires : car Duras étant arrivé
à Arezzo, les Florentins lui donnerent quarante
mille ducats, & il promit de ne leur faire aucun
mal. Ensuite il continua son dessein, conquit le
royaume de Naples, & envoya la reine Jeanne
prisonniere en Hongrie. Mais cette conquête
augmenta encore la défiance de ceux qui gouvernoient à Florence, parce qu'ils ne pouvoient
se mettre dans l'esprit que leur argent eût plus
de pouvoir sur le roi, que la bonne & ancienne
intelligence que sa maison avoit entretenue de
tout tems avec les Guelfes, qu'ils outrageoient
tous les jours par tant de mauvais traitemens. La
défiance donc augmentant, les mauvais traitemens augmentoient aussi, ensorte que la plupart
des gens étoient très-mal contens. Ajoutez à cela
l'insolence de George Scali & de Thomas Strozzi,
dont le crédit surpassoit le pouvoir des magistrats, chacun appréhendant d'en être accablé, à
cause qu'ils étoient presque maîtres de la populace. Ce gouvernement sembloit tyrannique,
non-seulement aux gens de bien, mais aussi aux
séditieux. Cependant parce que l'insolence de
Scali devoit finir un jour, il arriva qu'un de ses
domestiques, nommé Jean de Cambi, l'accusa

d'avoir eu quelques intelligences contre les intérêts
de l'Etat, dont le capitaine le trouva innocent ;
ensorte que le juge vouloit punir l'accusateur
de la même peine que devoit subir l'accusé, s'il
se fût trouvé coupable. Mais Scali ne pouvant
obtenir la grâce de Cambi ni par douceur, ni
par le crédit qu'il avoit, il alla avec des gens
armés, conjointement avec Thomas Strozzi, le
délivrer par force ; ensuite ils saccagerent le palais
du capitaine, & l'obligerent à se cacher, afin de
sauver sa vie.

Cette violence remplit la ville d'une si forte
aversion contre son auteur, que ses ennemis
formerent le dessein de le perdre, & de délivrer
l'Etat de sa tyrannie & de celle de la populace,
qui l'avoit assujetti pendant trois ans. Le capitaine
donna bien le branle à cette entreprise ; car après
que le tumulte fut cessé, il alla trouver les
Seigneurs, & leur dit : » Qu'il étoit entré
» volontiers dans la charge dont la seigneurie
» l'avoit honoré, espérant servir des gens équi-
» tables, & qui prendroient les armes pour
» favoriser & non pas pour empêcher le cours
» de la justice. Mais qu'après avoir vu & senti
» le gouvernement de l'Etat & ses procédures,
» il leur remettoit entre les mains un emploi,

» dans lequel il étoit entré avec plaisir, espérant
» y acquérir de l'honneur & de l'avantage, &
» ne croyant pas être obligé de s'en défaire pour
» éviter sa ruine & la mort «.

Les Seigneurs encouragerent le capitaine, en lui promettant sureté pour l'avenir, & le dédommagement de ses pertes. Puis après, une partie d'entr'eux s'étant joints à quelques citoyens, du nombre de ceux qu'ils croyoient affectionnés au bien public & moins suspects au gouvernement, ils jugerent qu'il se présentoit une belle occasion de délivrer l'Etat de George Scali & de la populace, parce que par cette derniere insolence il avoit aliéné de lui la plus grande partie des esprits : ils trouverent donc à-propos de s'en prévaloir avant que l'indignation fût refroidie ; car ils n'ignoroient pas qu'on gagne & qu'on perd la faveur du peuple au moindre incident. Ils crurent aussi que pour mieux faire réussir ce dessein, il falloit engager dans leurs intérêts Benoît Alberti , parce que l'entreprise étoit hasardeuse sans son consentement. Alberti étoit un homme fort opulent, d'une conduite sévere, amateur de la liberté du pays, & qui ne supportoit pas aisément un gouvernement tyrannique. Il ne fut donc pas difficile de le faire condescendre à la perte de Scali ; car l'aversion qu'il avoit conçue contre les citoyens du second rang (1) & contre le parti des Guelfes, c'étoit leur insolence & leur tyrannie qui l'avoit fait naître dans son esprit, & qui lui fit prendre les intérêts de la populace : puis voyant que les chefs de cette populace étoient devenus aussi insolens que les autres, il y avoit du tems qu'il s'en étoit détaché, n'ayant jamais trempé dans tous les mauvais traitemens qu'on avoit faits à tant de citoyens. Ainsi les raisons qui lui firent prendre le parti de la populace furent celles qui l'en détacherent ensuite.

Après qu'Alberti & les chefs des corps de métiers furent entrés dans le parti de la seigneurie, & qu'on se fût muni des forces nécessaires, on saisit Scali, & Strozzi se sauva. Le jour d'après Scali fut décapité, & son parti fut si épouvanté qu'aucun ne parut s'intéresser pour lui ; au contraire chacun concouroit à sa perte. Etant donc amené pour être exécuté devant un peuple qui l'avoit adoré un peu auparavant, il se plaignoit de son malheur & de la méchanceté des citoyens,

---

(1) Il y a dans le texte *i Popolani nobili*, les populaires nobles. Il faut entendre par-là les simples gentilshommes et la bonne bourgeoisie, comme on l'a déjà dit.

qui par leurs outrages l'avoient réduit à favoriser
& à avoir de grands égards pour une populace
qui n'avoit ni foi ni reconnoissance. Puis apper-
cevant Benoît Alberti parmi les gens armés, il
lui dit : *Et vous, Seigneur Alberti, vous souffrez
qu'on me fasse une si cruelle injustice, vous à
qui je n'eusse jamais permis qu'on l'eût faite si
vous étiez en ma place ! Mais je vous déclare
que ce jour-ici sera la fin de mes malheurs & le
commencement des vôtres.* Ensuite il se fit des
reproches à lui-même, de s'être confié à un
peuple qui se laisse mener & corrompre par le
moindre discours, la moindre action, & le
premier soupçon. Enfin après ces doléances il
mourut au milieu de ses ennemis armés & ravis
de sa mort. Après lui on fit mourir quelques-uns
de ses plus particuliers amis, dont le peuple
traîna & outragea les cadavres.

La mort de ce citoyen mit toute la ville en
émeute ; car plusieurs, pendant l'exécution,
prirent les armes en faveur de la seigneurie &
du capitaine du peuple ; d'autres encore les
prirent ou par vanité, ou par crainte : & parce
que la ville étoit pleine de gens de différens
intérêts, chacun avoit ses fins, auxquelles on
eût bien voulu parvenir devant que de quitter
les armes. L'ancienne noblesse, qu'on appeloit les

grands, ne pouvoit pas souffrir d'être dépouillée
des charges. Ils ne négligeoient donc rien pour
y rentrer, & ils prenoient les armes pour qu'on
rétablit les capitaines des quartiers dans leur
autorité. Les gens de la seconde condition, &
les premiers corps de métiers étoient mécontens
de ce que les corps des petits métiers & le menu
peuple partageoient les charges avec eux. D'autre
côté les corps de métiers méchaniques vouloient
plutôt augmenter que diminuer leur pouvoir ;
& le menu peuple appréhendoit de perdre les
colléges de leurs corps de métiers. Toutes les
différentes dispositions du peuple exciterent
pendant un an bien des tumultes dans Florence.
C'étoit tantôt les grands qui prenoient les armes,
tantôt c'étoit les métiers du premier & du second
rang, & le menu peuple avec eux ; & souvent
tous se trouvoient en armes dans un même tems
en plusieurs quartiers de la ville. Tout cela produisoit souvent des combats entre ces gens-là &
ceux de la seigneurie, parce que les Seigneurs
remédioient le mieux qu'ils pouvoient à tous ces
désordres, tantôt en cédant, tantôt en com-
battant. Enfin, après deux parlemens (1) &

____

(1) Ce sont des assemblées générales du peuple, qui
font ces conseils extraordinaires.

plusieurs conseils extraordinaires (1), qu'on créa pour réformer l'Etat, & après avoir essuyé bien des traverses, des dangers & des pertes, l'on fixa un gouvernement, par lequel tous ceux qui avoient été bannis depuis que Salvestre de Médicis avoit été Gonfalonier étoient rétablis dans la patrie. L'on ôta toutes les charges & les pensions à ceux que le conseil extraordinaire de l'an soixante-dix-huit en avoit pourvus ; l'on rétablit le parti des Guelfes dans les charges ; l'on ôta aux deux derniers métiers le privilége de se mettre en corps & d'avoir des officiers à eux, & tous les particuliers qui les composoient furent incorporés dans les autres métiers sous lesquels ils étoient autrefois. Les corps de métiers du second rang furent privés du privilége de fournir à leur tour un Gonfalonier de leur corps ; & de la moitié des charges qu'ils devoient posséder on les réduisit au tiers, encore leur ôta-t-on de ce tiers-là les plus considérables.

Tout cela remit le gouvernement entre les mains des citoyens de la seconde condition & des Guelfes, & la populace en fut dépouillée,

---

(1) Il y a dans l'original *Balia*, qui est un nom affecté à ces sortes de conseils en Toscane.

l'ayant possédé depuis l'an mil trois cent soixante-dix-huit jusqu'en quatre-vingt-un que tous ces changemens arriverent. Cependant ce dernier gouvernement ne fut pas moins sévere envers les citoyens, ni moins rude dans ses commencemens que l'avoit été celui de la populace, parce que plusieurs des notables qu'on avoit remarqués en étre les défenseurs, furent bannis avec une grande quantité de ceux qui en avoient été les chefs. Michel de Lando fut compris entre ces chefs, & tous les services qu'il avoit rendus, lorsque le débordement du menu peuple alloit perdre l'Etat, ne furent point assez puissans pour le mettre à couvert de la rage du parti contraire. Sa patrie donc lui marqua beaucoup d'ingratitude pour les grands biens qu'elle en avoit reçus. Mais parce que les princes & les républiques commettent souvent de ces sortes de fautes, il en résulte que les hommes, étonnés de voir de tels exemples, préviennent leurs princes, & prennent souvent parti contr'eux avant que de s'exposer à ressentir leurs ingratitudes.

Ces exécutions & tous ces bannissemens déplurent autant que jamais ; & Benoît Alberti les blâmoit, & en public & en particulier. Ceux donc qui avoient le plus de pouvoir dans l'Etat le craignoient, parce qu'ils le croyoient être un des plus grands protecteurs de la populace ; & ils s'imaginoient qu'il n'avoit consenti à la mort de George Scali, qu'afin de demeurer seul dans le pouvoir qu'il avoit sur le menu peuple , & non parce qu'il desapprouvât sa conduite. Ses discours & ses manieres augmentoient ensuite le soupçon qu'on avoit déjà contre lui, de sorte que tout le parti dominant l'épioit afin de trouver l'occasion de le perdre.

Pendant que les choses alloient ainsi au de-dans , les affaires du dehors n'étoient pas de conséquence ; car il n'en arriva qu'une qui fit plus de peur que de mal. Louis d'Anjou vint dans ces tems-là pour rétablir la reine Jeanne dans le royaume de Naples , & en chasser Charles de Duras. Le passage de ce prince épouvanta les Florentins, parce que Duras, selon l'usage des anciens alliés , leur demandoit du secours ; & Louis d'Anjou leur demandoit d'être neutres , comme font d'ordinaire ceux qui veulent se pro-curer de nouveaux alliés. Les Florentins vou-lant satisfaire le comte d'Anjou & secourir Charles de Duras , donnerent congé à Jean Agut, & le renvoyerent au pape Urbain, qui étoit ami de Charles. Mais le comte sentit bien cette fourberie, & s'en piqua contre les Florentins. Pendant donc que la guerre étoit allumée en Pouille entre Charles & le comte d'Anjou, il vint à ce dernier de nouveaux secours de France qui, étant conduits à Arezzo par les réfugiés de cette ville-là, en dépossédèrent le parti qui commandoit pour Charles. Mais lorsqu'ils se proposoient de venir changer à Florence le gouvernement, comme ils venoient de faire à Arezzo, le comte d'Anjou mourut ; ainsi, tout changea en Pouille & en Toscane avec la fortune, comme il arrive ordinairement : car Charles s'assura d'un royaume qu'il avoit presque comme perdu, & les Florentins qui craignoient de ne pouvoir défendre Florence même, conquirent Arezzo, l'ayant acheté des gens qui le tenoient pour le comte.

Charles étant assuré de la Pouille, s'en alla en Hongrie, & laissa sa femme en Pouille avec Ladislas & Jeanne ses enfans, qui étoient encore petits, comme nous le dirons en son lieu. Charles entra en possession du royaume de Hongrie ; mais fort peu de tems après, ce prince mourut. On fit beaucoup plus de réjouissances à Florence pour le bonheur qu'eut Charles de devenir roi de Hongrie, qu'on n'en fit jamais en quelque ville que ce fût au sujet de ses propres conquêtes. Ce fut-là qu'on reconnut la ma-

gnificence du public & celle des particuliers ;
car plusieurs familles firent des fêtes à l'envi
de l'Etat même. Mais il n'y en eut point qui
approchât de celle que donna la maison des
Alberti ; car les préparatifs, le nombre & la magnificence des gens armés parurent plus dignes
de la grandeur d'un prince, que proportionnées
à l'état d'un particulier. Tout cela augmenta
l'envie qu'on avoit contr'eux, qui jointe à
l'ombrage que le gouvernement avoit pris contre Benoît Alberti, fut enfin cause de sa perte ;
car ceux qui gouvernoient ne pouvoient être en
repos sur son sujet, s'imaginant qu'à tout moment il pouvoit rentrer en autorité à la faveur
de son parti, & les chasser de l'État.

Comme on étoit dans cette appréhension, il
arriva que, pendant qu'il étoit Gonfalonier des
compagnies, Philippe Magalotti, son gendre,
fut tiré (1) pour être Gonfalonier de justice. Cet
accident augmenta la crainte de ceux qui gouvernoient, se figurant que les forces d'Alberti

____

(1) Il faut se souvenir toujours qu'on mettoit dans
des bourses les noms de ceux qui pouvoient espérer
d'entrer dans les charges ; et dans le tems qu'elles étoient
à pourvoir, on en tiroit ces noms-là au hasard.

augmentant, cela augmentoit aussi le péril où ils étoient, & afin d'y remédier sans bruit, ils pousserent Beze Magalotti son concurrent & son ennemi, à représenter aux Seigneurs que Philippe n'avoit pas l'âge compétent pour exercer cette charge. La cause fut examinée dans la seigneurie, & les uns par haine contre les Alberti, les autres pour prévenir les désordres, déclarerent Philippe inhabile à cette charge, & dans sa place fut tiré Mancini, homme fort contraire à la populace & grand ennemi de Benoît Alberti. Si-tôt que ce Mancini fut entré en charge, il fit faire un conseil extraordinaire (1) qui, réformant l'Etat, relégua Alberti, & donna l'avertissement à toute sa maison, excepté à Antoine. Alberti devant que de s'en aller, appella tous ses amis & les compagnons de son infortune ; & les voyant affligés et fondant en larmes, il leur parla en ces termes :

« Vous voyez, mes chers parens, comment
» la fortune m'a accablé, & comment elle vous
» menace. Cela ne me surprend point, et vous
» ne devez pas non plus être surpris ; car il
» n'en peut pas arriver autrement à ceux qui

---

(1) En Italien *una Balia.*

» veulent être gens de bien au milieu d'une si
» grande quantité de malhonnêtes gens, & qui
» veulent soutenir ce que plusieurs veulent per-
» dre. L'amour de la patrie me fit faire des liai-
» sons avec Salvestre de Médicis, & ensuite le
» même motif me détache de George Scali.
» C'est aussi ce qui m'a fait haïr les manieres de
» ceux qui gouvernent aujourd'hui qui, ne
» voyant personne en état de les châtier, ne
» peuvent pas même souffrir qu'on les reprenne.
» Je veux bien les délivrer par mon exil de la
» crainte qu'ils avoient de moi et de tous qui
» connoissent leur tyrannie & leur méchanceté ;
» c'est donc en me maltraitant qu'ils menacent
» les autres. Pour moi, je ne peux en être tou-
» ché ; car il est impossible que ma patrie es-
» clave me ravisse les honneurs dont ma patrie
» libre m'a comblé, & je recevrai toujours plus
» de plaisir par le souvenir de ma vie passée,
» que je ne ressentirai de chagrin par les mi-
» seres dont le bannissement est suivi. J'ai bien
» du déplaisir que mon cher pays demeure en
» proie à l'orgueil & à l'avarice de ces scélérats.
» Je suis aussi touché de votre destinée ; car
» je crains bien que les maux qui finissent aujour-
» d'hui chez moi, & qui ne font que commen-
» cer chez vous, ne vous accablent à l'avenir

» avec plus de rigueur que je n'en ai ressenti
» moi-même. Je vous exhorte donc à prendre
» courage, & à vous fortifier contre toutes
» sortes de malheurs, afin que s'il vous en ar-
» rive, comme cela ne peut manquer, au moins,
» qu'il soit clair à tout le monde que c'est sans
» vous les être attirés ».

Après cela, pour faire connoître sa bonté
dans les pays les plus éloignés, comme il
l'avoit fait voir dans sa patrie, il entreprit le
voyage du Saint-Sépulcre; & dans le tems qu'il
en retournoit, il mourut à Rhodes. Ses os furent apportés à Florence, & ceux mêmes qui
l'avoient calomnié & persécuté pendant sa vie,
lui rendirent après sa mort tous les devoirs &
tous les honneurs qui étoient dus à son grand
mérite.

Dans ces boulversemens de l'Etat, ce ne fut
pas la seule famille des Alberti qui fut maltraitée;
mais outre celle-là, on en bannit, & on donna
l'avertissement à bien d'autres. Pierre Benini,
Matthieu Alderotti, Jean & François del Bene,
Jean Benci, André Adimari furent de ce nombre, auxquels on joignit une grande quantité de
petits artisans. Les Couoni, les Benini, les
Rinucci, les Formiconni, les Corbizi, les
Manelli et les Alderotti, furent de ceux à qui
l'on

l'on donna l'avertissement. C'étoit la coutume de créer les conseils extraordinaires pour un tems; mais les citoyens de celui-ci, après qu'ils eurent terminé les affaires pour lesquelles on les avoit député, se séparerent par honéteté, sans attendre le terme à échoir. S'imaginant donc avoir fait tout ce qu'il y avoit à faire, ils vouloient se retirer, dont bien des gens étant avertis, ils coururent en armes au palais, leur demandant au conseil extraordinaire de bannir & d'avertir beaucoup d'autres personnes avant que de se séparer. Cela déplut beaucoup à la seigneurie, qui amusa de bonnes paroles les mutinés jusqu'à ce que, se sentant en état de leur résister, on leur fît quitter par la crainte les armes qu'ils avoient prises par les mouvemens de leur rage. Cependant pour contenter en quelque maniere une telle furie, & pour diminuer l'autorité des petits artisans, on ordonna qu'au lieu du tiers des charges où ils avoient droit d'entrer, ils n'en auroient plus que le quart. Afin aussi qu'il y eût toujours dans la seigneurie deux personnes fort affectionnées au présent gouvernement, ils donnerent pouvoir au Gonfalonier de justice et à quatre autres citoyens de faire une bourse de gens choisis dont on en tireroit d'eux à tous les changemens de seigneurie.

Après que le gouvernement fut ainsi fixé dans l'espace de six ans, ce qui arriva en mil trois cent quatre-vingt-un, l'on vécut assez tranquillement jusqu'en quatre-vingt-treize. Mais dans ce tems-là, Jean Galeas Visconti, qu'on appelle le comte de Vertus, prit prisonnier son oncle Barnabé, et par-là il devint maître de toute la Lombardie ; ce qui lui fit croire qu'il deviendroit roi d'Italie par la force , comme il étoit devenu duc de Milan par la fourberie. Il fit donc une violente guerre aux Florentins en l'an quatre-vingt-dix, & les événemens en furent si douteux, que le duc se vit fort près de les ruiner ; & il en seroit venu à bout, s'il ne fût point mort. Cependant pour une république , Florence se défendit vigoureusement, & avec un grand courage. Mais la fin de cette guerre fut moins mauvaise que le commencement n'en avoit été terrible ; car après que le duc eut pris Boulogne, Pise, Pérouse & Sienne, & qu'il eut déjà fait faire une couronne pour se faire couronner dans Florence roi d'Italie, la mort le surprit. Cette mort l'empêcha de goûter le fruit de ses victoires, ce qui fut cause aussi que les Florentins ne reçurent pas de préjudice des pertes qu'ils venoient de faire.

Pendant que cette guerre alloit son train, Mazo d'Albizi fut fait Gonfalonier de justice. La mort de Pierre d'Albizi l'avoit rendu ennemi des Alberti ; & comme les ressentimens duroient toujours, Mazo, quoiqu'il vît Benoît Alberti mort, ne laissa pas de vouloir se venger du reste de la famille avant que de sortir de la magistrature. Cela lui fit embrasser l'occasion qui lui étoit présentée par les dépositions d'un homme qui, étant mis à la question pour avoir eu intelligence avec les ennemis, accusa Albert & André Alberti. Incontinent ils furent arrêtés, ce qui mit en émeute toute la ville ; mais les Seigneurs s'étant munis de gens armés, convoquerent tout le peuple en parlement, & firent un nouveau conseil extraordinaire, par le moyen duquel ils bannirent beaucoup de citoyens, & remplirent de nouveau les bourses pour faire des magistrats. Presque tous les Alberti furent du nombre des exilés, & plusieurs des corps de métiers furent avertis, & même exécutés. Tous ces mauvais traitemens firent prendre les armes aux métiers & au menu peuple, qui croyoient tous qu'on leur ôtoit l'honneur & la vie. Une partie d'entr'eux vint sur la place ; l'autre partie courut à la maison de Veri de Médicis, qui étoit chef de sa famille depuis la mot de Salvestre. Les Seigneurs pour endormir ceux qui étoient venus dans la place, leur donnerent pour chefs Renaud Gianfigliazzi, & Donato Acciaiuoli, qu'on regardoit comme ceux d'entre tous les notables qui étoient les plus affectionnés à la populace. Ceux qui coururent à la maison de Veri le prierent qu'il voulût bien s'emparer du gouvernement, & les délivrer de la tyrannie de certains citoyens, qui ne cherchoient que la destruction des gens de bien & de l'Etat. Tous les historiens de ce tems-là demeurent d'accord que si Veri eût eu moins de probité & plus d'ambition, il lui auroit été facile de se rendre souverain de la république, sans que personne s'y fût opposé ; parce que les mauvais traitemens qu'on avoit faits aux corps de métiers, & à ceux qui les soutenoient, avoient tellement animé les esprits à la vengeance que, pour satisfaire leur animosité, il ne manquoit qu'un chef pour les conduire. Il y eut même des gens qui représenterent à Veri ce qu'il étoit en son pouvoir de faire ; car An-

toine de Médicis qui avoit été long-tems son ennemi particulier, lui conseilloit de se rendre le maître de l'Etat. Mais Veri lui répondit : *Vos menaces ne m'ont point fait de peur pendant que vous avez été mon ennemi ; & à présent que vous êtes mon ami, vos conseils ne me gâteront pas :* puis se tournant vers le peuple, il l'exhorta à prendre courage, & lui promit de le protéger, pourvu qu'il suivît ses avis ; ensuite s'en allant au milieu de cette troupe dans la place, & de-là montant au palais devant les Seigneurs, il leur dit, » qu'il ne pouvoit
» pas se repentir d'avoir vécu d'une manière qui
» le faisoit aimer par le peuple de Florence ;
» mais qu'il étoit fâché que ce même peuple
» eût fait de lui un jugement, que sa conduite
» passée ne pouvoit pas autoriser, parce que
» n'avant jamais donné de preuve d'avoir l'esprit
» brouillon ou ambitieux, il ne savoit pas qui
» est-ce qui avoit pu faire croire à ces gens-là,
» qu'il seroit homme à favoriser les émotions
» populaires, comme un ennemi du repos pu-
» blic, ou à s'emparer de l'autorité souveraine,
» comme une ambitieux : qu'il supplioit donc
» la seigneurie de ne point croire à son pré-
» judice, qu'il eût donné lieu à l'erreur du peu-

» ple : que pour lui, il s'étoit remis en leur
» pouvoir dès qu'il avoit été en état de le faire :
» que cependant, il leur conseilloit d'user mo-
» destement de leur bonheur, & de se conten-
» ter plutôt d'une demie victoire avec la con-
» servation de l'Etat, que d'en vouloir une
» toute entiere en courant risque de tout bou-
» leverser. «

Les Seigneurs louerent la conduite de Veri,
& l'exhorterent à faire mettre bas les armes ;
qu'ensuite ils ne manqueroient pas de faire ce
que lui & d'autres citoyens leur conseille-
roient. Après ce discours, Veri retourna dans
la place, & joignit ses troupes à celles que con-
duisoient Gianfigliazzi & Donato Acciaiuoli.
Ensuite, il leur dit à tous, » qu'il avoit trouvé
» la seigneurie bien-intentionnée pour eux, &
» qu'on avoit mis bien des choses sur le tapis ;
» mais qu'on n'avoit pu rien conclure, à cause
» de la briéveté du tems & de l'absence des
» magistrats : que cependant, il les prioit de
» mettre bas les armes & d'obéir aux Seigneurs,
» les assurant que la douceur & les prieres
» étoient plus propres à les toucher, que l'or-
» gueil & les menaces, & qu'ils pouvoient
» vivre en repos à l'égard de la sureté de leurs

» personnes & des prétentions qu'ils pouvoient
» avoir aux charges de l'Etat , pourvu qu'ils se
» laissassent conduire par ses avis «. Ainsi, sur
la parole qu'il leur donna, ils les fit tous retourner dans leurs maisons.

Après qu'on eut mis bas les armes , les Seigneurs commencerent à mettre des troupes sur la
place ; ensuite ils enrôlerent deux mille citoyens ,
amis de ceux qui gouvernoient , & les partagerent également par les compagnies : leur ordonnant d'être toujours prêts au premier commandement : en même tems, ils défendirent le port
des armes à ceux qui ne seroient point enrôlés.
Après ces préparatifs, ils firent mourir & bannirent beaucoup de gens des corps de métiers ,
particulierement de ceux qui avoient paru les
plus séditieux dans les tumultes passés : & afin
que le Gonfalonier de justice fût plus considéré
& plus respecté, ils ordonnerent qu'on ne pourroit exercer cette charge avant l'âge de quarante-
cinq ans. Ils firent beaucoup d'autres réglemens
en vue de maintenir l'autorité qu'ils avoient ;
mais ils étoient insupportables à ceux contre qui
on les faisoit, & paroissoient même odieux aux
honnêtes gens du parti, parce qu'ils ne croyoient
pas qu'un gouvernement fût bon & assuré lors-

qu'il falloit tant de violence pour le maintenir;
& ces violences déplaisoient à beaucoup de gens,
aussi bien qu'à ceux des 'Alberti qui étoient
demeurés dans la ville, & aux Médicis, qui se
reprochoient d'avoir contribué, quoiqu'inno-
cemment, à tromper le peuple. Le premier qui
voulut s'opposer à toutes ces violences, fut Donato, fils de Jacques Acciaiuoli, qui bien qu'il
fût puissant dans la ville, & plutôt le maître
que le compagnon de Mazo d'Albizi, qui s'é-
toit néanmoins rendu comme chef de la république par les réglemens qui furent faits pendant
qu'il étoit Gonfalonier; cependant, Donato ne
pouvoit pas être satisfait au milieu de tant de
m écontens, ni tirer son avantage particulier de
la misere publique, comme la plupart des gens
ont accoutumé de faire. Il résolut donc d'employer tout son crédit pour faire rappeller tous
les exilés, ou du moins, pour faire rentrer
dans les charges tous les avertis. Pour y parvenir avec plus de facilité, il faisoit dire à l'oreille
de chaque particulier, qu'il avoit cette pensée,
faisant voir que c'étoit le seul moyen de pouvoir appaiser le peuple, & d'assoupir les ressentimens qui fomentoient les factions; & il
s'attendoit que les Seigneurs feroient exécuter

ce qu'il souhaitoit à cet égard. Or, parce que dans tout ce que nous entreprenons, le retardement chagrine, & l'empressement met en risque, il préféra le risque du succés au chagrin du délai.

Entre les Seigneurs se trouvoient alors Michel Acciaiuoli son consort, & Nicolas Ricoveri son ami. Donato Acciaiuoli crut que la fortune lui présentoit une occasion qu'il ne devoit pas laisser échapper : il pria donc ces Seigneurs-là de proposer une loi aux conseils pour rétablir les citoyens. Ils ne manquerent pas de le faire; mais on leur répondit, qu'on ne vouloit point entreprendre de nouveautés, dont le succès étoit incertain, & le péril assuré. Donato Acciaiuoli, piqué de ce que rien ne lui réussissoit de tout ce qu'il avoit tenté pour cela, leur fit entendre, *que puisqu'ils ne vouloient point admettre d'expédiens pour rétablir les choses, on en viendroit à bout par la voie des armes.* Ce discours déplut si fort, qu'après que ceux qui avoient les premieres charges de l'Etat en eurent délibéré ensemble, on fit citer le Seigneur Donato, qui ayant comparu, il fut convaincu par celui-là méme à qui il avoit donné la commission de parler : desorte qu'on le relégua à Barlette. On relégua encore Alaman & Antoine de Médicis, avec tous ceux qui étoient issus de cet Alaman. Outre ceux-là, on relégua aussi plusieurs personnes des corps de métiers, qui quoique de basse naissance, avoient beaucoup de crédit chez le menu-peuple. Tout cela arriva deux ans après que Mazo d'Albizi avoit donné une nouvelle forme à l'Etat.

La république avoit alors un grand nombre de mécontens au dedans, & beaucoup d'exilés au dehors. Entre ceux qui étoient à Boulogne, il y avoit Piquio Cavicciulli, Thomas de Ricci, Antoine de Médicis, Benoît de Spini, Antoine Girolamini, Christofle de Carlone, avec deux autres personnes de basse condition, tous jeunes gens, pleins de force & de courage, & en état de tout entreprendre pour retourner chez eux. Piggiello & Barroccio Cavicciulli, qui étoient dans Florence au nombre des avertis, firent entendre à ces exilés, que, s'ils vouloient venir secrettement dans la ville, ils les recevroient dans leurs maisons, dont ils pouvoient après cela sortir pour tuer Mazo d'Albizi, & inviter le peuple à prendre les armes, qui, les voyant suivis des Ricci, des Adimari, des Médicis, des Mannelli, & de beaucoup d'autres familles, n'auoit pas de peine à prendre parti avec eux, parce qu'il étoit aussi mécontent qu'il avoit sujet de l'être.

Les exilés, étant dont persuadés & poussés par cette espérance, vinrent secrettement dans la ville le quatrieme d'août de l'an mil trois cent quatre-vingt-dix-sept: & s'étant cachés dans les maisons qu'on leur avoit indiquées, ils envoyerent épier Mazo d'Albizi, voulant commencer par sa mort à exciter le tumulte. Albizi sortit de sa maison, & s'arrêta chez un épicier proche de Saint Pierre Majeur. Celui qui avoit eu charge de l'épier vint promptement en avertir les conjurés, qui, prenant les armes, & venant au lieu marqué, trouverent qu'il en étoit parti. Mais, ne perdant point la tramontane pour avoir manqué leur coup, ils tournerent leur marche du côté du marché vieux, où ils tuerent un homme du parti de leurs ennemis : puis, élevant un grand cri, ils exhorterent le peuple à prendre les armes, s'écriant, vive la liberté & périssent les tyrans. Ensuite de cela, ils tuerent encore un de leurs ennemis dans un autre endroit; & poursuivant leur chemin en criant toujours de la même maniere, sans qu'aucun prît les armes, ils se retirerent sous le porche de Niguitose. Là

ils se placerent sur un lieu élevé , étant entou-
rés d'une grande foule de gens, qui les suivoit
plus par curiosité , qu'à dessein de les secourir ; & ils continuerent à encourager les habitans
à prendre les armes & à sortir d'un esclavage ,
pour lequel ils avoient tant d'aversion , les assurant , *que c'étoit moins leurs ressentimens parti-*
culiers , que l'oppression publique , qui les avoit
portés à la délivrance de la patrie. Et comme ils
entendirent que plusieurs prioient Dieu, *qu'il*
leur donnât un heureux succès, & qu'il les mît
en état de se venger , ce qu'ils servient aussi vo-
lontiers quant à eux , pourvu qu'ils eussent un
chef pour les mettre en mouvement ; les conjurés
leur répondirent, *que l'occasion étoit venue: qu'ils*
avoient des chefs pour les conduire : que , cepen-
dant , ils s'entreregardoient comme des hébétés ,
& attendoient apparemment que les moteurs de leur
liberté fussent tués , afin de voir appésantir leurs
chaînes après un tel coup : qu'ils s'étonnoient donc
de voir , que des gens , si remuans autrefois pour
la moindre insulte qu'ils avoient reçue , demeu-
rassent cependant immobiles pour tous les outra-
ges dont on les accabloient à présent, & qu'ils
voulussent bien souffrir qu'une si grande quantité
de leurs bons citoyens périssent dans l'exil, pen-

*dant que beaucoup d'autres étoient dépouillés de
leurs charges.*

Ce discours, quoique véritable, ne fit aucune
impression sur la multitude, soit par la crainte,
soit parce que la mort de ces deux citoyens,
que les conjurés venoient de tuer, les eût rendu odieux. Comme donc ils virent, que, ni leurs
actions, ni leurs discours, ne faisoient impression
sur personne ; & s'étant apperçu trop tard quel
danger il y a de vouloir procurer la liberté à
un peuple qui veut à quelque prix que ce soit
vivre dans l'esclavage, ils se retirerent, après
avoir perdu toute espérance de succès, dans
l'église de Ste - Reparata, où ils s'enfermerent, non pour éviter la mort, mais pour la
différer.

Les Seigneurs, étonnés au premier bruit,
avoient armé & fermé le palais. Mais, quand
ils surent qui étoient les auteurs de cette.émeu-
te, & le lieu où ils s'étoient renfermés, ils se
rassurerent & commanderent au capitaine d'aller
avec bien des gens armés se saisir d'eux. Ainsi,
les portes de l'église furent très-aisément for-
cées, plusieurs des conjurés.furent tués en se
défendant, & les autres pris. Après qu'on les
eut examinés, on ne trouva point de complices

de leur crime, que Baroccio & Piggiello Cavicciulli, qui furent exécutés avec eux.

Après cet évènement il en survint un autre,
de bien plus grande conséquence. Dans ce tems-
là, l'Etat étoit en guerre avec le duc de Milan,
comme nous l'avons déjà rapporté ci-devant.
Ce prince, voyant qu'il ne pouvoit venir à bout
de son dessein par la force ouverte, prit le parti
de la ruse. Par le moyen donc des refugiés de
Florence, dont la Lombardie étoit pleine, le
duc fit un traité, dont plusieurs mécontens du
dedans eurent part, par lequel on étoit convenu,
qu'à certain jour marqué plusieurs des refugiés,
capables de porter les armes, seroient postés
dans les endroits proches de la ville ; qu'ils y
entreroient par la riviere d'Arne ; & que d'a-
bord, courant chez ceux qui gouvernoient l'Etat,
ils commenceroient par leur ôter la vie : ensuite ils reformeroient tous les abus, selon
qu'ils le jugeroient à propos.

Entre les conjurés du dedans, il y en avoit
un nommé Samminiato de Ricci ; & comme il
arrive souvent dans les conjurations, que le
petit nombre n'est pas suffisant, & que la quantité de gens les fait découvrir, pendant que
Ricci cherche des complices, il rencontre un

délateur, qui étoit Salvestre Cavicciulli, que le mauvais traitement fait à ses parens & à lui même devoit rendre secret : cependant l'appréhension du danger prochain fit plus d'impression sur lui qu'une espérance éloignée; desorte qu'il découvrit le tout à la seigneurie, qui s'étant saisie de Ricci, lui fit découvrir tout le détail de la conjuration. Pour les complices, il n'en fut pris aucun, que Thomas Davizi, qui venant de Boulogne, sans savoir ce qui se passoit à Florence, fut à peine arrivé, qu'il fût mis en arrêt. Tous les autres, éprouvantés par la prise de Ricci, s'enfuirent. Les deux prisonniers étant punis selon leurs crimes, on fit le conseil extraordinaire de plusieurs citoyens, avec le pouvoir de faire recherche des coupables & d'assurer l'Etat. Ils déclarerent criminels six personnes de la maison de Ricci, six de celle d'Alberti, deux de celle de Médicis, trois de Scali, deux des Strozzi, avec Bindon Altoviti; Bernard Adimari, & beaucoup de gens du peuple. Ils donnerent aussi l'avertissement pour dix ans à toute la maison des Alberti, aussi bien qu'à celles des Ricci & des Médicis, excepté à quelques particuliers d'entr'eux.

Entre ceux de la maison des Alberti, qui

ne reçurent pas l'avertissement, il s'en trouva un nommé Antoine, qui fut excepté, parce qu'on le croyoit un homme fort doux & très-paisible. Or, il arriva que le soupçon n'étant pas encore assoupi, on se saisit d'un moine, qu'on avoit vu plusieurs fois fréquenter les églises où les conjurés alloient. Outre cela, l'on avoit encore remarqué qu'il faisoit de fréquens voyages de Boulogne à Florence. Cet homme étant examiné, confessa d'abord qu'il avoit souvent apporté des lettres à Antoine Ricci, qui étant saisi sur cette accusation, fut aussi-tôt convaincu par le moine, condamné à une amande pécuniaire, puis relégué à trois cens milles (1) loin de Florence : & afin que tous les jours on n'eût pas de nouvelles entreprises à craindre de la part des Alberti, ils reléguerent aussi tous ceux de leur nom qui passoient quinze ans.

Tout ceci survint en l'année mil quatre cens ; & deux ans après, Jean Galeas, duc de Milan, mourut. Sa mort mit fin à une guerre qui avoit duré pendant douze ans. Dans ce

---

(1) Ce sont environ cent lieues ordinaires, ou cent cinquante de celles de Paris.

lems-là,

tems-là, le gouvernement ayant confirmé son autorité, & n'ayant plus d'ennemis, ni dehors ni
dedans, on fit l'entreprise de Pise, dont le
succès fut tout-à-fait glorieux, & l'Etat fut en
paix jusqu'en l'an mil quatre cents trente-trois.
Seulement, dans l'an mil quatre cents douze, les
Alberti ne s'étant pas tenus dans les termes de
leur exil, on créa un conseil extraordinaire
contr'eux, qui fit de nouveaux réglemens pour
affermir le gouvernement, & mit la tête des
Alberti à prix. Dans le même tems, les Florentins eurent encore la guerre avec Ladislas,
roi de Naples; mais elle finit deux ans après,
par la mort de ce prince, qui s'étant trouvé le
plus foible, céda à la république la ville de
Cortone, dont il étoit souverain : mais peu de
tems après il reprit vigueur, & recommen-
çant une guerre beaucoup plus dangereuse que
la premiere, il mettoit Florence en grand péril
de perdre sa liberté sans cette mort qui l'en
délivra, comme avoit déjà fait celle du duc de
Milan. La fin de cette guerre de Naples ne fut
pas moins heureuse aux Florentins que celle
de Jean de Galeas. Le roi mourut après avoir
conquis Rome, Sienne, toute la Marche d'Ancone & la Romagne, & il ne lui manquoit

plus que Florence pour porter ses armes victorieuses en Lombardie. Ce fut donc la mort qui délivra Florence plus que tous ses alliés, & qui lui fut de plus grand secours que sa propre valeur.

Après la mort de ce roi, l'Etat demeura tranquille dehors & dedans pendant huit ans, au bout desquels, outre la guerre que lui fit Philippe, duc de Milan, les factions se réveillerent, & ne finirent qu'avec la ruine du gouvernement d'alors, qui avoit subsisté depuis mil trois cents soixante - onze jusqu'en mi quatre cents trente-quatre, ayant soutenu glorieusement tant de guerres, & soumis à son empire Arrezzo, Pise, Cortone, Livourne, & Monte-Pulciano. Elle en auroit même bien fait davantage si elle eût été bien unie chez elle, & que les anciennes discordes ne s'y fussent point réveillées, comme nous l'allons voir dans le Livre suivant.

Fin du quatrieme Volume.